災害と闘う

小里泰弘
内閣府副大臣
環境副大臣

はじめに

平成十八年七月、私の地元の鹿児島県北部を記録的な集中豪雨が襲い、川内川《せんだいがわ》、米之津川《こめのつがわ》の流域で戦後未曾有の大水害となった。洪水が家も田畑も呑み込み、地域全体が湖と化したあの光景を忘れることができない。

以来、「あの川を二度と氾らんさせてはならない」との信念で治水事業に取り組んだ。地域住民の安寧な生活への悲願をもとに、関係者の懸命の努力により河川激甚災害対策特別緊急事業を中心に河川の抜本改良が施されてきた。規模もさることながら、治水技術の粋を集めた文字通りの「日本一の治水事業」だ。その結果、九州一の暴れ川が、穏やかな恵みの川へと変貌を遂げつつある。

平成二十三年三月十一日に発災した東日本大震災では、テレビ画面から映し出された光景は現実のものとは思えなかった。実際に現地で目の当たりにした惨状はさらに強烈だった。国民の誰もが犠牲者を悼み、東北の復興を願った。

自民党は当時、野党だったが、過去の災害体験を活かして、持てるノウハウの全てを提供して災害対策にあたるとの方針に立った。

私は、自民党の緊急災害対策プロジェクトチームの座長として対策の立案作業にあたった。党を挙げて議論し、被災地の声をいただきながら、避難所対策から復旧対策まで、第一次、第二次、第三次の提言で合わせて五七七項目の対策案を取りまとめた。これらを民主党政権に提言し、民主党政権は事実上、これらを丸呑みし、その多くが遅ればせながらも実行されていった。「がれき処理特別措置法」や「復興基本法」をはじめ、一二五本の震災関連法案も自民党からの提案によるものだった。

平成七年一月十七日に発災した阪神・淡路大震災もいまだに鮮烈に記憶に残っている。当時、閣内にいた私の父が急遽、震災対策の特命専任大臣として緊急対策にあたることになり、私は政務秘書官として従った。東日本大震災時の対応とよく比較されたが、確かに両大震災への対応には、政府の即応体制、官僚の士気、対策実施のスピード感において違いがあった。

また、平成二十二年、二十三年と連続して私の地元の鹿児島県長島町を中心とする海域を赤潮が襲い、鹿児島、熊本、長崎の三県に跨《また》がり、日本一のブリ養殖地帯が潰滅の危機に瀕した。これも我々が野党の時の災害であって、制約された条件下、特別措置法の議員立法を梃子《てこ》にして対策を実現していった。

さらには、鹿児島県霧島市の新燃岳の噴火災害や豪雨災害、宮崎県を中心とする口蹄疫災害や鳥インフルエンザ災害と、我々は近年、身近に実に多くの災害を体験してきた。これらの災害の教訓を今後に活かしていかなければならない。

本書は特に、川内川の治水事業、東日本大震災対策、阪神・淡路大震災対策、赤潮被害対策を振り返りながら、教訓とすべき対応の経緯や対策のあり方を書き綴ったものだ。

なお、本書は、主として私自身の視点において記したものだ。例えば、東日本大震災への自民党の対応においては、緊急災害対策プロジェクトチーム以外にも原発事故対応チームや現地支援チームをはじめ、いくつものチームが複合的に対応した。さらには、それぞれの災害において、国、県、市町村、自治会、消防、警察、自衛隊をはじめ、関係機関が連携して対応にあたった。災害対策は総力戦であることを忘れてはならない。

大臣秘書官時代に体験した阪神・淡路大震災、あるいは、衆議院議員に初当選時に体験した地元の豪雨災害が原点となり、私は災害対策に情熱を傾け、幾多の災害と闘ってきた。

地球温暖化の影響により、いつ、どこで豪雨災害が起きるか分からない。また、南海トラフ地震や首都直下型地震等が予兆されるなかで、地震や津波災害への備えも急がなければならない。本書が、いささかでも今後の災害に備えての参考になれば幸いだ。

災害と闘う

［目次］

第一章　九州一の暴れ川と闘う

一、戦後未曾有の大水害

二、あの川を二度と氾らんさせない

第二章　阪神・淡路大震災の教訓

目　次

三、第二次緊急提言

四、間違った政治主導

第一章

九州一の暴れ川と闘う

一、戦後未曾有の大水害

現場へ

平成十八年七月二十二日（土）、結婚披露宴に出席のために週末にしては珍しく東京に居た私に一報が届いた。

「豪雨で川内川、米之津川が大変なことになっています」

この数日間、戦後未曾有の集中豪雨が鹿児島県の北薩一帯を襲い、地域が洪水で危機的な状況になっているという。瞬時に阪神・淡路大震災時に震災大臣秘書官として学んだ教訓がよみがえった。

「とにかく現場に行かなくては」

私は、披露宴会場を早めに切り上げ急遽、地元に帰ることにして羽田空港へ向かった。何とか便を確保し、搭乗したものの、あらかじめ機内アナウンスがあった。

「天候不良のために着陸できない場合は、引き返すか、最寄りの空港に向かう場合もあります」

いわゆる条件付きの運航ながらも飛行機は鹿児島を目指した。私の経験では今までに条件付きでも着陸できなかったことはない。本来、飛行機は風や霧には弱いが、雨には強い筈《はず》だ。ところが、鹿児島上空は想像を絶する猛烈な雨に荒れていた。着陸を何度か試みるものの視界もままならないなかに、とうとう機は着陸を果たせず、伊丹空港までUターンした。伊丹空港で待機することになり、現地の様子を聞くために鹿児島の実家に居る父に電話を入れると、父は心配げに応えた。

「今、非常に危険な状態だ。帰って来ても現場には行けないから無理するな」

息子の事になると父は心配性だ。しかし郷土の危機に帰らない訳にはいかない。伊丹空港で二時間程待っていると、鹿児島の天候もやや穏やかになったらしく、機は再び鹿児島を目指すことになった。

一時間半後、やっとの思いで鹿児島空港に着陸できたが、既にあたりは暗くなっており、現地への道路事情も良くない。その夜は霧島市の実家で過ごすことにした。

翌二十三日（日）、夜明けと共に被災地へ向かった。まず川内川上流域の被災市町の役場をめざしたが、洪水や土砂で道路が至るところで寸断され、通常のルートが使えない。

旧吉松町役場で消防団員と

迂回に迂回を重ね、道なき道を辿りながら、やっとの思いで陸の孤島と化した旧栗野町にある湧水町《ゆうすいちょう》役場に着いた。職員に聞いたところ、災害対策本部は旧吉松町役場に設置されたとのことで、再び車に乗り、旧吉松町役場へ向かうことにした。

ところが、道路状況はさらに悪く、通常の道路は崩れ、土砂で覆われ、全面的に通行不能となっていた。思案していると、湧水町議会議員の仮屋良二氏（現町議会議長）が声をかけてくれた。

「山道を行くしかありません。私が案内しましょう。命の保証はありませんが」

仮屋町議に案内いただき、大きく迂回し、いったん山に登り、林道を行くことになった。

　この林道もあちらこちらで崖が崩れ、土砂がせり出し、危険な状態であったが、なんとか注意しながら車を進めた。

　旧吉松町市街地を見渡す丘に出て目にした光景に息を呑んだ。市街地一帯が冠水し、周囲の田畑まで一面が洪水で湖状態になっていた。車を置いて腰下まで浸かりながら旧吉松町役場の災害対策本部へ行くと、ちょうど消防団の人たちが打ち合わせの最中だった。

年間降雨量の四〇%が五日間に集中

　七月十八日から二十三日にかけて、川内川流域で梅雨前線が活発化し、薩摩地方北部を中心に記録的な大雨となったのだ。

　川内川流域においては、二十五観測所中二十観測所で過去最大の雨量を観測した。どのくらいすごかったかといえば、十八日からの総雨量が多いところで一〇〇〇㎜を超え、特に宮崎県えびの市の西ノ野雨量観測所で観測した一一六五㎜は驚異的だった。この五日間だけで全国平均年間総雨量の七〇%、鹿児島市の年間総雨量の五〇%、雨の多い川内川流域で見ても流域の年間平均降雨量の四〇%が降ったことになる。

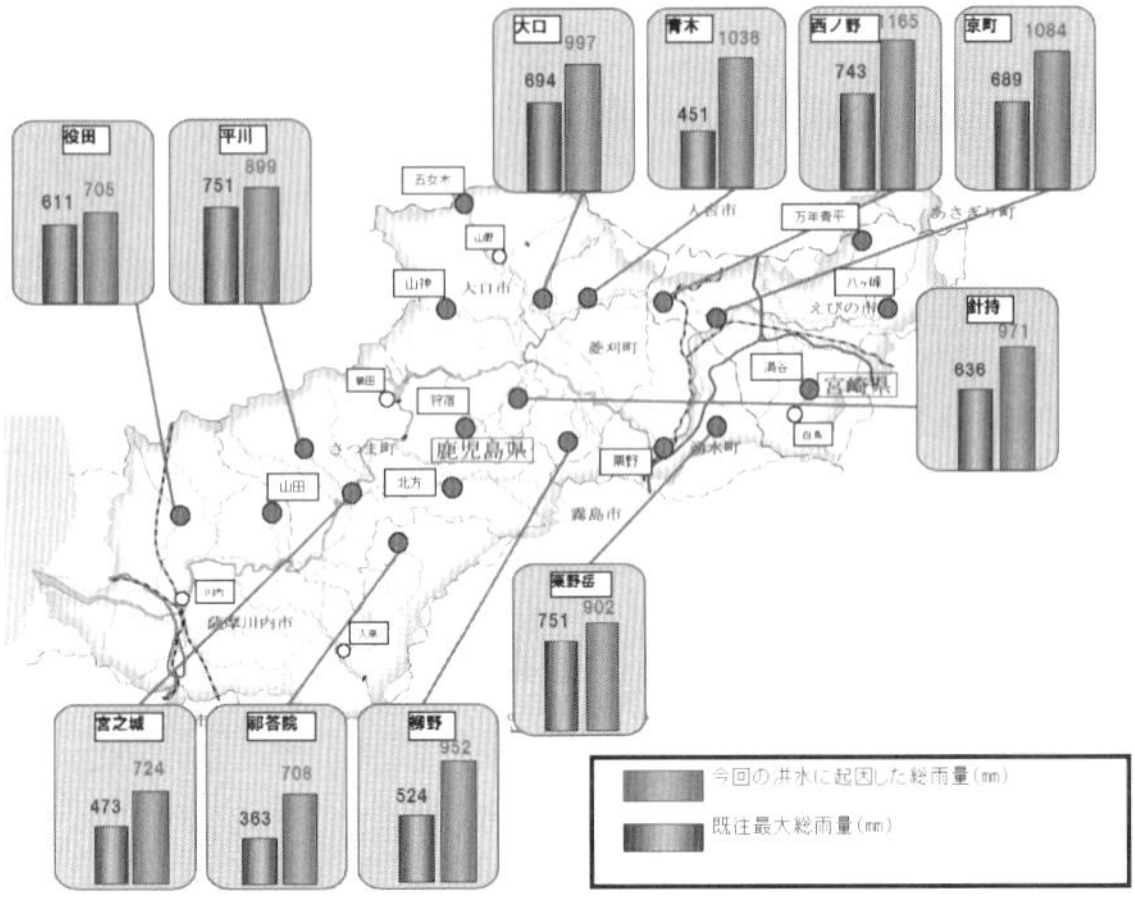

過去最大雨量を超過した雨量観測所位置図

この記録的な豪雨により、川内川流域内の水位観測所十五カ所のうち十一カ所で過去最高水位となり、特にさつま町の宮之城水位観測所では、計画高水位を二・九二m も超過し、十一・六六m に達した。

二三四七戸が浸水

水は町に溢《あふ》れ、過去最大の洪水となり、川内川沿川の三市二町（えびの市、湧水町、伊佐市、さつま町、薩摩川内市）において浸水家屋が二三四七戸に及ぶなど甚大な被害が発生した。

湧水町の吉松水位観測所では、二十一日十九時に警戒水位を超え、二十二日十四時には

湧水町中津川地区

計画高水位を超えた。川内川支川の桶寄川では、二十二日十三時五分頃から堤防の越水が始まり、一帯に広がる水田地帯から旧吉松町市街地を呑み込んだのだ。

私は、被害状況を聞いた後、避難所が置かれた体育館へ行った。その体育館も一階部分は浸水したために住民は二階の観客席のほうに避難していた。旧吉松町だけで四〇四戸が床上浸水し、水が床上二・九mまで達した家もあった。

「過去何回も洪水被害にあってきた。今回は特にひどい。このままではこの地域に住む人は居なくなる」

皆さんから悲痛な声を聞いた。お見舞いを申し上げ、後ろ髪をひかれる思いで次なる日的地の菱刈町（現伊佐市）へ向かった。

〈湧水町被害状況〉

総雨量一〇八四㎜、床上浸水戸数四四六戸、床下浸水戸数一二三戸、田畑冠水面積三五二㌶、土木被害箇所数二〇八箇所、山地被害箇所数三十五箇所、道路被害箇所数一七一箇所

菱刈町役場に着いたところ、県議会議員の池畑憲一氏（現県議会議長）が待っておられ、神園勝喜町長と共に被災現場を案内いただいた。菱刈町の主な水田のほとんどが冠水し、ここも見渡す限り湖と化していた。丘の上から被災状況を見ていると、折りしも一台の車が眼下の水田脇の道路を走ってきた。見るうちに車は、道路に溢れた水にはまり、動けなくなってしまった。

下手地区のがけ崩れ現場に行くと、六件の家が土砂で埋まり、どこに何があったかもわからないぐらい無残な姿を晒《さら》していた。ご婦人が一人亡くなったという。町議を務めていたご主人がパトロールから帰ってきたところで異常に気付いて声をかけ、ご婦人が家から

湖と化した菱刈町の水田地帯

出てきた直後に被災した。また、前目地区では走っていた車が崩れてきた土砂に襲われて一人が亡くなった。

　菱刈町の荒田水位観測所では、二十二日十四時には計画高水位を越え、川内川本川からの逆流により支川の川間川から溢水《いっすい》氾らんした。一挙に濁流が押し寄せ、巨大な川となって一帯の水田を呑み込んだ。県道四二四号線の盛土を破壊した痕も生々しかった。この濁流はそのまま川内川下流域を襲った。

＜菱刈町被害状況＞

　総雨量一〇七八㎜（旧大口市との合計）、床上浸水戸数三十七戸、床下浸水戸数六十八戸、田畑冠水面積七八四㌶、河川被害箇所数

二十六箇所、道路被害箇所数八十箇所、林地崩壊箇所数（林道含む）六十五箇所

菱刈町の被災現場を一通り視察し、さらに大口市（現伊佐市）へ向かった。大口市への主要道路もいたるところで寸断され、通行不能状態だったが、池畑県議の案内で大きく迂回し、裏道を通って市役所へ辿り着いた。

大口市役所でも隈元新《くまもとしん》市長をはじめ、対応に追われていた。一通り被災状況を伺った後、隈元市長の案内で池畑県議と共に被災現場を回った。

堂崎地区では、様子を見ようと家から外に出た老婦人が川内川支川の白木川から溢れた濁流に呑まれ、亡くなった。

ほとんど堤防のない、いわゆる無堤区間であった川内川支川の羽月川の花北水位観測所では、二十二日十一時には計画高水位を越え、広範囲に浸水被害が発生した。

＜大口市被害状況＞

総雨量一〇七八㎜（菱刈町との合計）、床上浸水戸数四十九戸、床下浸水戸数一〇三戸、田畑冠水面積九九八ヘクタール、河川被害箇所数三十一箇所、道路被害箇所数七十八箇所、林地崩

自衛隊による救助活動　さつま町虎居地区

壊箇所数（林道含む）四十八箇所

問われる政治家の存在意義

この時は行けなかったが、隣の旧宮之城町の宮之城水位観測所では、二十二日十八時四十分には、計画高水位を約二・九m上回る一一・六六mを記録し、流域最大の被害（浸水住居五三八戸、事業所一八八戸）が発生した。

また、薩摩川内市の川内水位観測所では、二十二日二十二時十分に水位のピークとなり、支川の樋渡川が溢水氾らんし、浸水被害が発生した。

川内川流域三市二町では、今回の洪水に際し、川内川河川事務所長から各首長への緊急

浸水家屋 約2,300戸
浸水面積 約2,800ha

		床上浸水(戸)	床下浸水(戸)	浸水面積(ha)
	薩摩川内市	91	39	832
	さつま町	850	89	302
伊佐市	旧大口市	165	43	665
	旧菱刈町	67	26	318
	湧水町	446	123	450
	えびの市	229	179	210
	合　計	1,848	499	2,777

川内川流域全体の被害状況

時のホットラインなどにより、降雨や河川水位などの情報が伝えられ、住民約五万人に対して避難指示、避難勧告が発令された。

しかし、逃げ遅れて孤立する集落や住民も多く、旧宮之城町虎居地区をはじめ、各地から救助要請が寄せられ、消防や自衛隊による救助活動が展開された。

この集中豪雨は、「九州一の暴れ川」と言われた川内川流域以外にも多くの被害をもたらした。特に伊佐市の西方に車で三十分程に位置する出水市の中央部を流れる「米之津川」も大きく氾らんし、地域に甚大な被害をもたらした。

その出水市をさらに目指したが、いよいよ道がない。大口市から出水市へ向かう全ての

河川と市街地の境が不明に〈出水市市街部〉

ルートが寸断され、通行不能状態だった。

思慮の末、伊佐市から一旦北上して県境の山を越えて熊本県水俣市へ向かった。水俣市街地へ降りて国道三号線に出ると通行できそうだ。国道三号線を南下すれば出水市だ。水俣経由で一路、出水を目指し、何とか出水市役所に辿り着いた。

「いったいどこを通って来ましたか」

私を見るなり、渋谷俊彦出水市長が驚いた様子で尋ねた。出水市では、市の中心部を流れる米之津川が氾らんし、戦後最大の被害が発生した。市役所も消防署も合同庁舎も冠水し、中心商店街や多くの住宅、田畑が被害にあった。

＜出水市被害状況＞

総雨量五一五㎜、床上浸水戸数八戸、床下浸水戸数六二三戸、田畑冠水面積三六〇ヘクタール、土木被害箇所数三三三箇所、

山地被害箇所数一七九箇所

川内川流域、米之津川流域で見た惨状は想像を絶するものだった。私は深刻な思いに囚われざるを得なかった。

「これは地域にとって死活問題だ。あの川を何とかしなければ私自身の政治家としての存在意義を問われる」

私は、治水に向けて固く覚悟を決めた。

二、あの川を二度と氾らんさせない

対策に向けて始動

翌二十四日（月）朝、上京し、国土交通省、農林水産省、内閣府と、関係省庁を回り、被害状況を説明し、対策を要請したのが始まりだった。その日の午後には北側国土交通大

谷垣財務大臣を現地に案内

臣（当時）が川内川流域の視察に入ってくれた。

私は、さらに谷垣財務大臣（当時）に被災地の視察を要請し、一週間後に実現した。谷垣財務大臣は、川内川河川事務所、県、出水市長、大口市長、湧水町長らの案内で米之津川、川内川流域の被災状況を視察し、さらに、それぞれの意見交換会で要請を受けた。

国の財布を握る財務大臣に被災地を視察してもらえたことは、とても心強かったし、その後の対策の推進においても谷垣大臣の存在が大きな力となった。

「あの川を二度と氾らんさせてはならない」

私は、強い信念のもとに被災地へは週末ごとに赴き、洪水の原因となる問題点の把握に努めた。被災は、本川だけでなく、支川にまで及んだ。川内川は支川が一一九本存在する。本川水位が上昇したことにより、支川水位も上昇し、支川の上流域まで被害が拡大した。支川の分布は複雑だし、土砂崩れや田畑の被害も広範囲に及んだが、地元市長、町長はもとより、県議、市議、町議の皆さんが精力的に案内してくださった。

見えてきた課題

洪水の原因となる危険箇所を把握するのに時間はかからなかった。基本的に危険箇所とは、大雨で流量が増えた時に、水の流れが悪いために溢れやすい所だ。したがって、治水とは、この危険箇所を解消し、水の流れを良くすることと言っても良いだろう。そこから課題が見えてくる。

えびの市街部の築堤、旧吉松町部の阿波井堰の改築、永山狭窄部の河道掘削、旧栗野町部の河道掘削、旧菱刈町川間川の築堤、旧大口市曽木の滝分水路の建設、曽木の滝上流部の河道掘削、支川部の築堤・・・やるべき治水事業は見えてきた。しかし、それぞれの事業が一筋縄ではいかない難事業ばかりだ。難事業だからこそ、これまで手がつけられなか

曽木の滝狭窄部

ったのだ。
　例えば、旧大口市曽木地区の曽木の滝は、横幅が二一〇mにも及び、その壮大な景観は「東洋のナイアガラ」と称せられる名所だ。秋には紅葉が見事な風情を醸し出し、多くの観光客が訪れる。
　ところが、この曽木の滝のすぐ上流の狭窄部は昔から洪水時に水位が上昇し、被害の原因となってきた。解消方法として、分水路を開削して水を分けて流すことが必要だと考えられた。これは四十年前から言われてきた課題だが、実現できていなかった。
　実現できなかった理由の一つは莫大な予算を必要とすること。また、分水路をつくることで流れがよくなれば流量が増し、その分、下流に過度に押し寄せ、下流域の洪水の要因となってしまう、すなわち上流と下流とのバランスの取り方が難しいこと。さらには、人造の分水路が自然の景観に与える影響も考えなくてはならない。

曽木の滝狭窄部は、この時の豪雨でも地域に大被害をもたらす元凶となった。押し寄せた濁流がこの狭窄部でよどみ、羽月川など支川をも氾らんさせる要因となった。

「今度こそ分水路を実現しないと地域の住民感情がおさまりません」

隈元市長からは悲痛な陳情が届いていた。これ以上手をこまねいていることは許されない状況だ。

旧菱刈町を流れる川間川は、川内川の東方に延びる支流だが、川内川本川の水位が上昇し、川間川に大きく逆流して溢水し、水田に溢れ、大激流となって下流域に向かった。堤の役割を果たしていた盛土状の道路も決壊させ、一帯に広がる田園を一瞬にして呑み込み、猛然と下流の地域を襲った。

この川間川の水位上昇の危険性も昔から指摘され、度々被害の要因となってきた。堤防がないのが異常であって、築堤は地域の悲願であり続けたが、実現できていなかった。最大の障害は、工事の対象となる河川敷において地権者不在の土地などが複雑に入り乱れて

阿波井堰

おり、その了解を得ることが困難であることだ。このために長期にわたって手をつけられなかったのだ。

旧吉松町部の永山狭窄部と阿波井堰も川の流れを阻害する要因だ。豪雨の度に大きく氾らんし、地域の田畑を湖と化して、住宅の多くに浸水した。このため、阿波井堰を撤去して欲しいとの思いは強く、地域住民にとって九十年来の悲願だったが、これも実現できないできた。曽木の滝分水路と一緒で、上流と下流とのバランスの取り方が難しいのだ。さらに、阿波井堰で取水された水が発電に利用されたり、用水路で下流の水田地帯とを結び、農業用水となって稲を育んでいることも阿波井堰の洪水の阻害を解消できない理由だ。

川内川治水から始まった議員生活

振り返ると、私の議員生活は川内川の治水事業から始まったといえる。

平成十七年八月八日、衆議院は突如として解散された。いわゆる小泉総理による「郵政解散」だ。この夜、父から電話がかかってきた。

「俺は引退することを決めた。明日、鹿児島に帰って後援会幹部の皆さんを集めて引退表明をする。そうなると、お前を後継者にという声があがるかもしれないが、その時は覚悟を決めるか」

父の引退の意志は固い。迷っている間はない。通算二十年間の秘書生活を通じて私は既に覚悟を決めていた。私も直ちに鹿児島に帰り、立候補の準備を進めた。

かくして、八月三十日、私にとって初めての選挙戦がスタートした。その直後の九月六日、台風を原因とする豪雨が襲い、この時も旧吉松町部を中心に川内川は氾らんしたのだ。私は、被災者の方々に思いを致しつつ、選挙カーを走らせていいものか迷った。皆さんが災害に遭い、苦労されているところに選挙カーからの連呼はそぐわない。迷った末に考えついたのが、「災害お見舞い」での遊説だ。

川内川を視察

「災害お見舞い申し上げます」

吉松町部では、スピーカーの音量を落としてマイクでお見舞い申し上げつつ、被災箇所を見て回った。吉松町の人たちは特に義理堅いし、情が深い。こんな状況でも家々から手を振り、声援を送ってくれた。

「このふるさとを何としても守っていかなければ」

私の政治人生は川内川治水と共にスタートしたと言っても良い。

当選後、私は直ちに川内川の治水に取りかかった。国土交通省川内川河川事務所長の案内で米満重満町長、町議会、地域関係者の皆様と共に危険箇所を見て回り、氾らんの原因を探った。その結果、取り敢えず永山狭窄部

川内川流域の主な洪水

洪水発生年	原因	流域平均 12時間雨量	流量 （川内地点）	被害状況
昭和２年 ８月11日	豪雨 （台風性）	－	－	洪水家屋約3,000戸 川内町調査のみ
昭和18年 ９月19日	台風	－	－	家屋全半壊・消失　144戸 浸水家屋3,333戸
昭和29年 ８月18日	台風	133㎜	約2,900㎥/s	死者13名 家屋全半壊・流失8,578戸 床上浸水2,102戸、床下浸水10,236戸
昭和32年 ７月28日	梅雨	230㎜	約4,100㎥/s	死者・行方不明者6名 家屋全半壊・流失30戸 床上浸水1,433戸、床下浸水7,689戸
昭和44年 ６月30日	梅雨	152㎜	約3,600㎥/s	死者・行方不明者52名 家屋全半壊・流失283戸 床上浸水5,874戸、床下浸水7,418戸
昭和46年 ７月21日	梅雨	136㎜	約4,100㎥/s	死者・行方不明者12名 家屋全半壊・流失317戸 床上浸水3,583戸、床下浸水8,599戸
昭和46年 ８月3日	台風	206㎜	約4,900㎥/s	死者・行方不明者48名 家屋全半壊・流失662戸 床上浸水3,091戸、床下浸水9,995戸
昭和47年 ６月18日	梅雨	239㎜	約6,200㎥/s	死者・行方不明者　7名 家屋全半壊・流失　357戸 床上浸水　1,742戸、床下浸水　3,400戸
昭和47年 ７月６日	梅雨	136㎜	約3,200㎥/s	死者・行方不明者　8名 家屋全半壊・流失　472戸 床上浸水　695戸、床下浸水　1,399戸
平成元年 ７月27日	台風	223㎜	約4,200㎥/s	家屋全半壊・流失　45戸 床上浸水　171戸、床下浸水　702戸
平成５年 ８月１日	豪雨	190㎜	約5,300㎥/s	家屋全半壊・流失　13戸 床上浸水　170戸、床下浸水　423戸
平成５年 ８月６日	豪雨	168㎜	約4,200㎥/s	家屋全半壊　9戸 床上浸水　102戸、床下浸水　410戸
平成９年 ９月16日	台風	190㎜	約3,500㎥/s	家屋全壊・一部破損　3戸 床上浸水　261戸、床下浸水　223戸
平成17年 ９月６日	台風	185㎜	約4,200㎥/s	家屋一部破損　3戸 床上浸水　37戸、床下浸水　144戸
平成18年 ７月22日	梅雨	295㎜	約6,400㎥/s	死者　2名 家屋全半壊・流失　32戸 床上浸水　1,816戸、床下浸水　499戸

の掘削を行い、流下能力を拡大することを企図し、事業規模九億円の国土交通省の直轄事業として実施することが決まった。

ところが、その直後の平成十八年七月、またしても北薩一体を集中豪雨が襲い、未曾有の大災害となったのだ。

川内川流域は、狭窄部を挟んで複数の盆地がひょうたん型に連なる、言い方を変えれば、盆地・平地と狭窄部が交互に連なっている。このため、人口が集中している盆地・平地では洪水の水はけが悪く、氾らんしやすいという特徴がある。川内川が「九州一の暴れ川」となる要因のひとつだ。

過去、何回も災害を引き起こし、そのたびに対策が施されてきたが、抜本解決には至っていなかった。そのために今回、未曾有の被害をもたらしたのだ。

四苦八苦の治水の歴史

川内川では過去、何回も洪水被害を受けつつ、そのたびに治水対策が施されてきた。ここで過去の主な対策を振り返ってみよう。

菱刈捷水路

①川内市街部改修事業

昭和六年から開始された直轄改修において、旧東郷町より河口付近までの河道掘削・築堤・護岸を施工したが、昭和四十年代後半において大規模な水害に頻繁に見舞われ、甚大な被害が発生した。そのため、一次整備として昭和五十七年度〜平成六年度に高水流量五〇〇〇㎥/秒対応の河道掘削を実施し、平成五年度からは市街部の大規模な引堤を行っている。

②菱刈捷水路

菱刈平野部を流れる川内川は、蛇行が著しく、流れを妨げ、洪水時の氾らん要因となっていたため、新川を開削・築堤し、河川の屈

鶴田ダム

曲を矯正し、洪水時の流下能力の向上を図った。昭和二十五年度に着手し、昭和四十九年度に暫定通水した。現在では一部の支川合流処理を除いて概成している。

③鶴田ダム事業

川内川の中流域に位置する。川内川総合開発の一環として特定多目的ダム法に基づき、洪水調節と発電を目的に建設された。昭和三十五年より建設に着手し、昭和四十一年三月に完成したもので、ダム高一一七・五m、総貯水容量一二三百万㎥となる。

その後、昭和四十四年、四十六年、四十七年と連続して大洪水に見舞われたため、より高い安全度が必要となり、昭和四十八年三月にダムの「洪水調節容量」と「発電容量」の変更（発電容量の買い取り）を行い、治水容量を四二百万㎥から七五百万㎥へ向上させた。その結果、計画高水流量四六〇〇㎥／秒のうち、鶴田ダム地点で二二〇〇㎥／秒を貯留し、ダム放流を二四〇〇㎥／秒とする計画に変更された。

④湯之尾堰

川内川が流下する伊佐市湯之尾温泉地区においては、下流にある湯之尾滝の「堰上げ」のため、毎年のように湯之尾温泉街の床上浸水被害が発生していた。そこで、河床の安定、農業用水の確保、湯之尾温泉源への影響、湯之尾滝の景観保全を兼ねた可動堰を昭和五十一年度～昭和五十八年度にかけて建設した。

⑤湯之尾捷水路

伊佐市湯之尾地区を蛇行しながら温泉街を二分して流下する川内川は、河道が狭小であったため、温泉街の南側に湯之尾捷水路を新たに開削した。昭和六十一年度に着手し、平成十一年一月に暫定通水し、平成十四年三月に概成している。

湯之尾捷水路

⑥真幸堰《まさき》

えびの市を流下する川内川上流域の河積拡大を図るための河道掘削に先立って、河床安定と平常水位確保による河川の正常な機能を維持することを目的として、昭和五十年度～昭和五十四年度にかけて可動堰を建設した。

⑦床上浸水対策特別緊急事業

川内川上流地区（伊佐市、湧水町）における平成元年、五年、九年の都度重なる浸水被害を受け、再び災害を起こさないことを目的として、平成十一年度より「床上浸水対策特別緊急事業」に着手し、轟《とどろき》狭窄部の開削、永山地区等の流下能力不足箇所の掘削、稲葉崎《いなばざき》、二渡《ふたわたり》、田尾原《たおばる》地区等の無堤部の築堤、桶寄川《おけよりがわ》、綿打川《わたうちがわ》等の支川改修を図り、平成十五年度に完成した。

轟狭窄部開削（事業前）

轟狭窄部開削（事業後）

⑧高潮対策

川内川河口部の薩摩川内市久見崎《ぐみざき》地区や船間島《ふなまじま》地区では高潮被害が発生し、特に近年では、平成十一年九月の台風により甚大な被害が発生したため、高潮被害の防止対策として、平成十一年度〜平成十二年度にかけて、船間島地区に特殊堤を整備した。

神経を使った上流、中流、下流のバランス

これまでも川内川の改修にあたっては、中流域に位置する鶴田ダムを要として、上流、中流、下流のバランスに神経を使ってきた。

前述したように、上流部で築堤すれば、それまで川の外に氾らんしていた水が川の中を流れることになるから、水量が増す。これが下流に押し寄せ、下流の負担が増大してしまう。場合に

よっては、新たな災害を引き起こしてしまいかねない。そのため、流量の増大に見合った河道の整備を下流でも行っておくことが前提となる。すなわち、治水の最大の難しさは、予算の確保と、上流、中流、下流のバランスの取り方にある。

この時も水害を受けた地域の再度災害防止対策の検討にあたっては、上流と下流との利害調整が大きな課題となった。

上流の地域に行くと治水への思いは深刻だ。

「これ以上待てない。上流地域を遊水池にしないで欲しい」

「このままでは人が住まなくなるし、産業も廃《すた》れる」

下流の地域に行くと、上流域の治水の影響が気になる。

「小里は上流の改修を計画している。けしからん。下流の安全を考えないのか」

上流でも下流でもお叱りを何度もいただいた。

各首長さんや地域の自治会長さんらから、それぞれの立場からの河川改修の要請があったが、立場は微妙に違う。上流、中流、下流それぞれでバランスよく事業の効果を発揮させながら、同規模の豪雨が再来しても、河川の水が堤防から溢れることを防止するような計画を策定する必要があった。

思案していると、国土交通省の三石真也氏が私の議員会館の事務所を訪れた。彼は、平成十二年まで国土交通省の川内川河川事務所長を務めた。

平成九年九月の台風で川内川が氾らんし、この時も大きな被害をもたらした。これを受けて川内川の治水事業としては「床上浸水対策特別緊急事業」が彼のもとで進められた。私は父の秘書として彼と連絡を取り合い、共に事業に取り組んだものだ。

彼が本省に戻った後も折りに触れて交流し、情報交換をしてきた。その後、彼は治水の現場を離れ、国土交通省の総合政策局建設施工企画課に勤務していたが、自分の古巣が大変な事になったと聞き、見舞いに来てくれたのだ。

「上流、中流、下流の危険箇所を同時並行的に抜本的に解消しなければなりません」

私が悩みを打ち明けると、彼はアドバイスをくれた。

「それなら河川激甚災害対策特別緊急事業というものがあります」

いわゆる「激特事業」で、上流、中流、下流の区別無く、期限を決めて（通常五年間）、同じような豪雨が襲っても再び氾らんさせないという基準で、一挙に改良をやりあげるという事業だ。よく「激甚災害」指定と間違われるが、全く別物だ。激甚災害指定は復旧事業に関係するものであって、激特事業は、復旧を越えた抜本的改良事業だ。

「これだ」

私は思わず膝を叩いた。彼の言葉を受けて、さっそく動くことにした。すなわち、川内川も米之津川も激特事業の採択を要望し、そこに、上流、中流、下流のそれぞれの危険箇所を解消するための改良事業を全てぶち込もうと考えた。

三、河川激甚災害対策特別緊急事業

激特事業導入へ国会質問に立つ

さっそく私は、激特事業に取り込むべき事業を整理して国土交通省河川局に対して激特事業、すなわち激甚災害対策特別緊急事業の採択を訴えて回った。さらに八月二日、意を決した私は、衆議院災害対策特別委員会での質問に立った。

「災害発生直後の惨状はもとより、日々調査が進むにつれて拡大する災害の大きさに強く胸を痛める思いです。宮崎県えびの市、鹿児島県湧水町、菱刈町、大口市の川内川上流域だけで、床上浸水約六百四十戸、水田の冠水二千ヘクタール以上という甚大な被害をはじめ、川内川の上流、中流、下流を問わず膨大な被害が発生しているということをまず認識をいただきたい」

発言しながらあの惨状がくっきりと脳裏に浮かんだ。被害が上流から下流域まで広域かつ甚大に及ぶということをまず強調し、さらに対応が従来の「復旧」に止まってはならないことを訴えた。

「復旧の定義が原型に復するということであるならば、これでは被災地の住民の不安は拭えず、地域の活力は生まれてきません」

「復旧に止まらず、改良すべきをしっかりと短期間で改良する抜本的な対応こそが復興への第一の条件であると心得ます」

これに対して国土交通省の門松武河川局長は復旧だけに終わらせない思いを滲ませた。

「今回の災害を踏まえ、再度災害防止の観点から、迅速かつ抜本的な河川整備を行い、治水安全度の向上を図って参りたいと思います」

続いて私は、抜本的治水対応を全面的に施す必要性、そのために激特事業が必要であることを一挙に説いた。

「平成九年の豪雨災害に起因する湧水町栗野地区の床上浸水対策特別緊急事業の成果があり、今回の災害では、この地域の被害は軽微に止まりました。また、多くの堤防やダムが功を奏したと言えます」

「一方で、湧水町永山狭窄部の開削や大口市曽木の滝分水路の整備など従来、その必要性が言われながら、度々水害に見舞われてきたこれらの地域において今回も甚大な被害が発生しました。抜本的治水対策の有無が地域の明暗を分けたのが今回の災害です」

「治水対策においては、上流、中流、下流の利害が必ずしも一致しないこと、限られた財政下にあることから、下流から改良することが基本であることは承知しています」

「しかしながら、国民の生命と財産を守ることは政治と行政の最大の責務であり、現にある危険を放置することは政治と行政の怠慢であると言わざるを得ません」

「十分な財源措置のもとに、上流、中流、下流それぞれの危険箇所を同時並行的にダイナミックに改良を進めるべきだと考えます」

「河川激特事業を川内川水系、米之津川水系に適用して、それぞれの危険箇所を五年なら五年と区切って、集中的、抜本的に改良すべきと考えます」

ここは勝負所だ。私はさらに、衆議院国土交通委員会、衆議院農林水産委員会、自民党

衆議院災害対策特別委員会で

災害対策本部会合、自民党国土交通部会、自民党農林部会と、あらゆる機会を捉えて、「激特事業」の必要性を訴えた。

地元との一体感

一方、被災地の市長、町長、県議、議会の皆さんと連絡を取りつつ、激特事業に盛り込むべき箇所・事業項目をメモにして国土交通省河川局へは毎日のように通った。

被災地の市・町・議会は、「川内川治水期成会」を結成して頻繁に上京していただき、関係省庁へ案内し、陳情を重ねた。

鹿児島県選出の加治屋義人、野村哲郎両参議院議員にも発災当初から親身にバックアップしていただいた。

伊藤祐一郎鹿児島県知事も強力にバックアップしてくれた。例えば、事業推進において気になったのが県の負担だ。事業が大きくなればなるほど鹿児島県の財政負担も馬鹿にならないからだ。

「川内川本川はもちろん、支川や米之津川など、大変な規模の事業となり、県の財政負担も相当のものが予想されますが・・・」

私が心配げに尋ねると、彼はきっぱりと答えた。

「県の負担は心配要りません。どんなことでも対応しますから、存分に国の予算を取ってください」

関係者一丸となった取り組みで「激特事業」の採択が見えてきたが、重要なことは、そこに何を入れるかだ。

えびの市部の築堤、旧吉松町部の永山狭窄部の掘削、阿波井堰の改築、旧栗野町部の掘削、旧菱刈町部の川間川築堤、旧大口市曽木の滝部の分水路の建設・・・私は激特事業に入れるべき重要箇所を一覧表にして、繰り返し、しつこく国土交通省河川局に通った。

被災地の人たちにとって今回の被災は強烈だった。それだけに、また豪雨がきたらどう

国土交通省河川局で打ち合わせ

なるのか、引き続きふるさとに住み続けられるのか不安に駆られる日々だった。私は対策に取り組む状況をなるべく地元に向けて発信するようにした。

国会質問の議事録を地元の首長、県議、市町議会議員に送ったり、対策の進捗状況をお知らせすることで、少しでも被災者の皆様に安心と希望を持ってもらいたかったからだ。

難航した曽木の滝分水路事業の採択

激特事業への入れ込みで難航したのが「曽木の滝分水路」だ。膨大な事業費、下流への影響、景観への影響も考えなければならない。

河川局もなかなか前に踏み出せない。

しかし、曽木の滝分水路は地域の悲願だ。このままでは地域は収まらないし、川内川も治まらない。取り敢えず取っ掛かりだけでも確保したい。私は委員会や党の部会で必要性を訴えつつ思案した。

「取り敢えずは暫定的な分水路でもいい」

私は、意を決して勝負に出た。事態打開のために、最初から本格事業として求めるのではなく、まずは「暫定分水路」として事業実施を求めることにした。事業は取りかかりさえすれば何とか進むものだ。

応えてくれたのが門松武河川局長だ。九月上旬、私の事務所を訪れた彼の表情は明るかった。彼は私の心中を察するように口を開いた。

「曽木の滝分水路は、どうしてもやらなくてはなりませんか」

「どうしてもやらなくてはなりません」

「わかりました。もうちょっと時間をください」

その数日後、彼が案を持ってきた。暫定分水路案だ。かくして曽木の滝分水路の事業化が決まった。

そして十月四日、「川内川激甚災害対策特別緊急事業」と「米之津川激甚災害対策特別緊急事業」が同時採択された。

米之津川の激特事業の採択もすんなりいった訳ではない。激特事業の採択には、浸水家屋数が二〇〇〇戸以上という基準があるが、米之津川での浸水戸数は普通に数えたら基準に満たない。そこで、県は換算戸数に着目した。すなわち、市庁舎や消防署など大きな公共施設を換算して数える方式だ。これにより米之津川も採択基準を何とかクリアした。

日本一の激特事業の全容

関係者一丸となった取り組みにより、平成十八年十月四日、激特事業は採択された。川内川の激特事業で実施した主な対策は次の通り、危険箇所のほとんどを網羅するものとなった。

(1) 曽木の滝分水路（大口市）、推込《しごめ》分水路（宮之城町）により、水流を分派し、洪水時の水位を大幅に低下。

(2)　伊佐市において、曽木の滝から支川の川間川の合流点までの間で洪水時の水位を低下させるための河道掘削を実施。

(3)　支川の川間川の左岸堤防を整備し、本川からの氾らん水が川間川を乗り越えて浸水することを防御。

(4)　湧水町において、栗野地区から永山地区の狭窄部にかけて大規模な河道掘削を行い、洪水時の水位を低下。特に吉松地区の支川の桶寄川の合流点において水位を下げることにより、本川の洪水の影響により桶寄川が氾らんすることを防御。

(5)　支川の羽月川において、川内川の合流点から上流の無堤部において築堤等を実施。また、原田地区で隣接する農道を嵩上げすることで氾らん水の拡がりを防御。

(6)　えびの市において、無堤部を解消するための築堤等を実施し、洪水の氾らんを防御。

(7)　薩摩川内市において、樋渡川合流部から上流で、無堤部を解消するための築堤等を実施し、洪水の氾らんを防御。

(8)　さつま町において、推込分水路から柏原橋までを中心に、無堤部を解消するための築堤等を実施し、洪水の氾らんを防御。

激特事業全体の規模は、事業費で約三七五億円、そのうち国負担分が約三五〇億円で九州では過去最大規模となった。採択された事業箇所の延長は約六二kmで、これは石狩川に次いで全国で二番目、石狩川の事業では支川が多かったため、本川に限れば川内川の事業が全国一となる。さらに、この後に追加された「鶴田ダム再開発事業」や「阿波井堰改築事業」等を入れると、川内川治水は、質・量共に過去になかったような治水事業になっていく。

平成十八年七月と同規模の豪雨が降っても河川の氾らんによる家屋浸水被害を解消することを目的とし、おおむね五年での完工をめざして、各地における用地取得をはじめ、工事が進められることになった。

曽木の滝分水路

川内川激特事業では、治水安全度のバランスを取り、抜本的、早期の河川整備を図るために、優先順位や費用対効果を考慮しながら、日本の治水技術の粋を集め、様々な対策を組み合わせて実施されることになった。

四十年来の悲願が成った曽木の滝分水路

激特事業の柱の一つに分水路がある。今回の激特事業では旧大口市曽木の滝部と旧宮之城町虎居地区に採用された。

例えば、曽木の滝付近の狭窄部では、昔から大雨の度に水流が滞り、水位上昇の影響が支川に及び、被害の大きな原因となってきた。

このため、曽木の滝の左岸側に洪水を流すために新たに水路を開削するというものだ。地域の四十年来の悲願だ。

延長四〇〇m、底幅三〇m。鶴田ダム上流地区の水位低下を図り、平成十八年七月並みの洪水があっても、外水氾らんによる家屋の浸水被害を解消しようというもので、曽木の滝分水路直上流で約三〇cmの水位低下が見込まれる。

今回の激特事業では、暫定分水路としてつくるので、分派量は二〇〇m³／秒だが、本格工事完成後は、分派量四〇〇m³／秒となる。激特事業終了後、さらに本格工事を進めることとなった。

分水路が新たな景勝地に

曽木の滝分水路周辺は、「東洋のナイアガラ」と呼ばれる景勝地である曽木の滝があり、曽木の滝公園は展望所などの公園整備がなされ、秋には鮮やかな紅葉が広がり、年間三十万人の観光客で賑わうなど、周辺にさまざまな地域資源がある。

このことから、曽木の滝分水路を新たな観光スポットと位置づけて、伊佐市と熊本大学

曽木の滝

が連携して地域活性化につながる観光資源となるように事業を進めている。

例えば、曽木の滝分水路の河道を敢えて蛇行させて、法面も曽木の滝公園からの展望を考慮して、高木を植樹することにより、もともと川があったかのような自然な景観を創出している。

この曽木の滝分水路は、「二〇一二年度グッドデザイン・ベスト一〇〇」および「二〇一二年度グッドデザイン・サステナブルデザイン賞」を受賞した。

これらの賞は、公益財団法人日本デザイン振興会主催により一九五七年に創設された日本で唯一の総合的なデザイン評価・推奨の仕組みであり、デザインを通じて産業や生活文化を高める運動だ。

グッドデザイン・サステナブルデザイン賞は、二〇一二年度に選ばれたすべてのグッドデザイン賞受賞対象の中で、「持続可能な社会の実現を目指している特に優れたデザインに贈られる賞」だ。

曽木の滝分水路では、自然景観保全のために地形改変を最小限に抑えつつ機能を発揮し、この地の特徴である岩盤を活かして、自然な河川空間を作りあげた。

その結果、災害復旧にとどまらず、近接する観光地「曽木の滝」と連動し、アメニティの確保という新たな価値を地域に創出した事は、土木的にも画期的な事であるとされている。

宮之城地区分水路

平成十八年水害では、鶴田ダムの下流に位置するさつま町宮之城地区でも甚大な被害をもたらした。そこで、宮之城地区でも河川が急カーブを描き、外水氾らんの元凶となった箇所について分水路を整備することになった。「推込分水路」がそれだ。延長約二五〇m、

宮之城地区分水路

石積み護岸

底幅約六五mとなる。併せて「上下流の河道掘削」により宮之城地区の水位低下を図り、さらに堤防を整備することで、平成十八年水害並みの豪雨にも耐え、家屋を浸水被害から守る環境が整うこととなった。

住民参加型の川まちづくり

治水事業にあたっては、地域の安全度の向上はもとより、地域の歴史や景観、生活様式、生態系等にも配慮した設計思想が求められる。

このため、川内川の激特事業の実施にあたっては、計画段階から各地域で説明会や懇談会が開催され、住民意見の反映が図られた。

例えば、さつま町虎居地区では、「川づく

り検討会・住民部会」や「川まちづくり懇談会」における設計思想を現場へ反映させるために、「石積み護岸」の模型を作成し、工事施工に活用した。これは地域の景観の確保のみならず、分水路工事で発生した石の有効活用により、コスト縮減にも役立った。

効果を発揮した激特事業

川内川激特事業は、おおむね平成二十三年度内に終了し、所要の治水効果を発現しつつある。

例えば、伊佐市を流れる支川の羽月川は、平成十八年災害では本川の水位上昇の影響により氾らんし、地域に多大の被害をもたらした。そこで、激特事業では羽月川に徹底した築堤や河道掘削を実施した。

その結果、平成二十三年七月の豪雨で平成十八年の災害時を越える流量を記録したが、外水による氾らんを概ね食い止め、浸水面積は一八〇《ヘクタル》から〇・一《ヘクタル》へ激減し、浸水戸数も平成十八年の七十戸から今回は一戸となった。

さつま町では、激特事業による築堤、河道掘削、推込分水路等の整備により、宮之城水

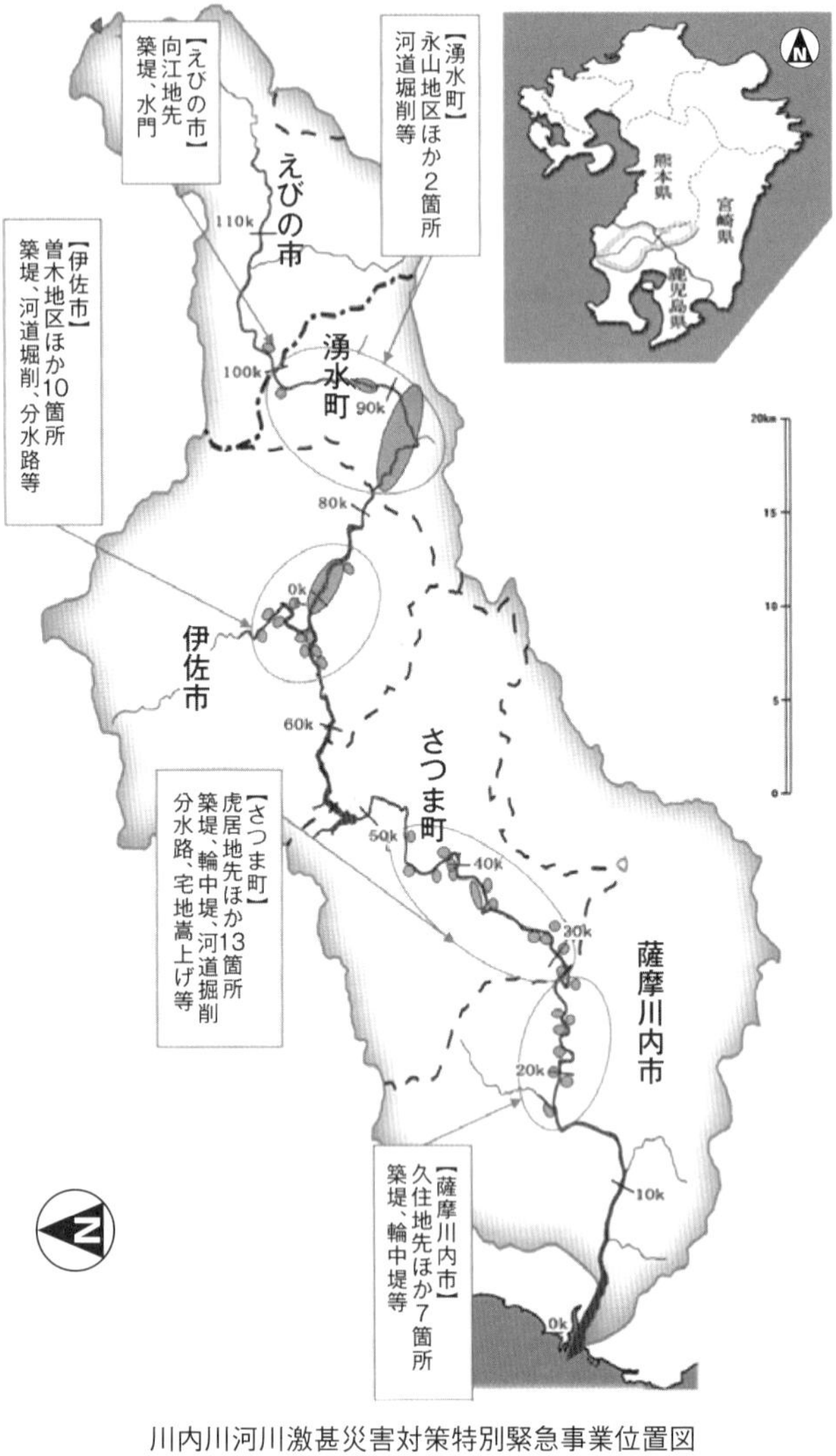

川内川河川激甚災害対策特別緊急事業位置図

位観測所において激特事業前と比較して約六〇cmの水位低減が図られた。

川内川ではこれまでは、大雨が降るたびに洪水を心配していたが、ここ何年も目立った被害はない。

「治水事業のお陰で、どんな雨が降っても安心して寝ていられます」

今夏の大雨時に地元の町議さんに電話した時に言われた言葉が印象深かった。

四、鶴田ダム再開発事業

誤解を生んだ鶴田ダムの放水

鶴田ダムは、川内川のほぼ中間に位置するダムで、昭和四十一年に完成した。洪水調節と発電を目的とした高さ一一七・五mの九州では一番高い重力式コンクリートダムだ。

平成十八年水害では、鶴田ダムの放水により被害が拡大したとの誤解が広がり、国土交通省や当時の井上章三さつま町長が批判され、窮地に立たされる場面があった。しかし実

洪水時の鶴田ダム

際には、鶴田ダムによって被害が軽減されたのである。ではどのような操作が行われ、どのような効果があったのだろうか。

鶴田ダムでは、平成十八年七月二十日の二十二時十六分に洪水調節を開始し、下流の水位低下に大きな効果を発揮したものの、洪水の規模が大きすぎたために治水容量が満杯となってしまった。そのため、二十一日十四時四十分に「異常洪水時防災操作」すなわち、異常な洪水によりダム湖に溜められなくなったため、流れ込んでくる水を通過させる操作に移行した。

この間、鶴田ダムは、東京ドーム六十個分に相当する七五〇〇万㎥の洪水を貯留し、下流に流れる水量を最小化させた。

ダムから約十三㎞下流のさつま町虎居地区では、ピーク水位を約一・三ｍ低下させ、また、ピーク水位に達するまでの時間を四時間遅らせたことで、住民の避難や消防・警察・自衛隊などによる救助活動が可能となったのだ。

見た目には、ダムの放水により被害が発生したかのようだが、もし鶴田ダムがなかった場合を想定すると一目瞭然だ。鶴田ダムは能力の限界まで洪水を貯留し、下流の被害を軽減させたのだ。

この時、豪雨で発生した土砂災害により鶴田ダムに通じる道路が不通となり、ダム管理所が孤立する事態ともなっていた。

異例づくめの鶴田ダム再開発事業

さて、激特事業が決まってから程なく門松河川局長が私の部屋にやってきた。彼は、鶴田ダムの再開発事業の必要性を説いた。

「川内川下流域の治水安全度を高めると同時に、上流域の治水事業を抜本的に実施するためにも、中流に位置する鶴田ダムの洪水調節容量を増やす必要があります」

鶴田ダム下流からの航空写真

すなわち、川内川上流の治水を実施すると流れがよくなり、当然、大雨の時に一挙に下流に水が流れ込み、そのままでは下流域に新たな災害を引き起こしかねない。そこで、受け皿として鶴田ダムにおいて一旦、受けられる水量、すなわち洪水調節容量を増やすことが必要になるのだ。

下流域の住民の皆様からも「鶴田ダムの洪水調節容量を増やしてダムの機能向上を図って欲しい」との要望が出されていた。彼らは今回の水害で、鶴田ダムの機能向上の必要性を切実に感じたのだ。

そのために、現在のダムの放水口の下に新たな放水口を造るというものだ。これによりダムの水位をあらかじめ、現行より低位に下げることが可能となり、いざという時に多くの水量を受けることができるようになる。簡単な工事のようだが、実は新たなダムを造るのと同じくらいの事業費がかかるし、技術的にはかなり高度、おそらく世界でも初めての試みだ。

八年間で四百六十億円（後に十年間で七一一億円に変更）という膨大な事業費が掛かり、しかも翌年度から直ちに事業に取り掛からないと上流域の治水事業の受け皿として間に合わない。

さっそく財務省に予算要求することになったが、この時点で十月、既に翌年度予算の概算要求は終わっていた。

そこで、講じたのが「改要求」という手段だ。概算要求締め切り後に発生した緊急かつ重大な案件について例外的に認められるものだ。「鶴田ダム再開発事業」は、国土交通省からの改要求という形で予算要求が成された。

さらに、この事業の特異性は、実施計画調査を省いて即、建設工事に入ったことだ。通常のダム事業ならば、まず実施計画調査を必要とし、様々な調査が必要となり、建設工事の着手までに数年を要するだろう。この鶴田ダム再開発事業の緊急性、重要性を重視しての特別措置だ。

世界が注目する鶴田ダムの技術

鶴田ダム再開発事業の構造を説明しよう。簡単に言うと、たくさんの雨が降った時に下流への放流量を抑制するためにダムに貯めておける容量、すなわち洪水調節容量を最大七五〇〇万㎥から最大九八〇〇万㎥に増量するものだ。

そのためには、洪水期の貯水位を大きく低下させる必要があり、既存の放水口より低位に新たな放水口を造ることにより、最低水位を現在の標高一三〇mから標高一一五・六mへ一四・四m低下させるというものだ。

既存のダムに新たな放水口をつくる工事は未知の世界だ。堤体への穴空けは、構造安定性に大きな影響を及ぼす。ダムに新たに穴を開けると、そこにコンクリート全体の圧力が集中し、どこまで耐えられるか想定が難しい。やってみないと分からない部分もある。したがって、少しずつ慎重に状況を見ながらの作業になる。

堤体の穴空け時には貯水池側の仮締切が必要となるが、大水深で大規模となるため、水圧に耐える構造を検討すると共に、大水深下での作業に対応して潜水方式で施工する必要がある。最大水深六五mの水中での作業になるため、作業員が潜水病にならないように作

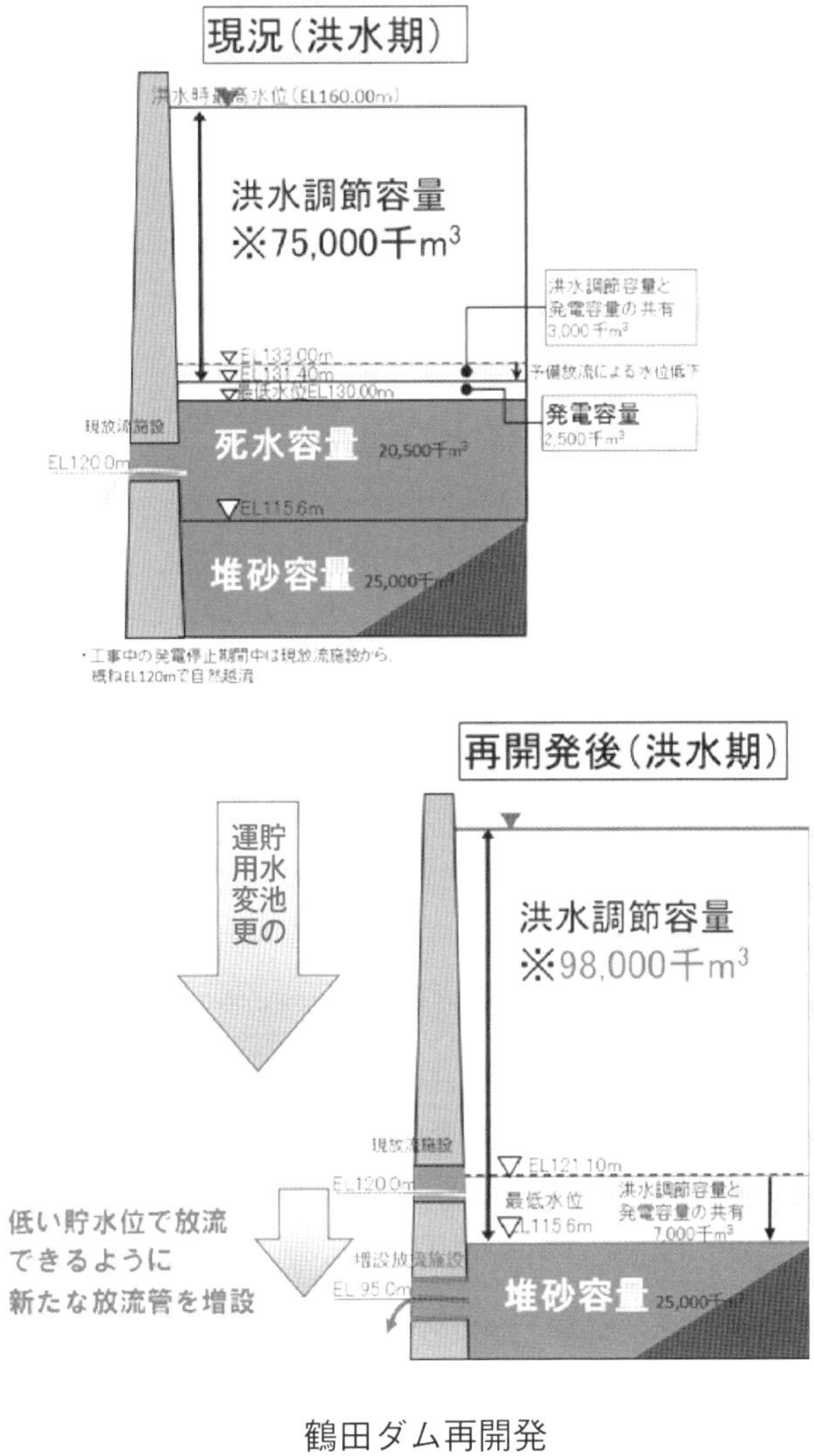
現況（洪水期）
洪水時最高水位（EL160.00m）
洪水調節容量
※75,000千m³
洪水調節容量と
発電容量の共有
3,000千m³
EL133.00m
EL131.40m
予備放流による水位低下
最低水位EL130.00m
発電容量
2,500千m³
現放流施設
死水容量 20,500千m³
EL120.0m
EL115.6m
堆砂容量 25,000千m³
・工事中の発電停止期間中は現放流施設から、
概ねEL120mで自然越流
再開発後（洪水期）
貯水池の運用変更
洪水調節容量
※98,000千m³
現放流施設
EL121.10m
EL120.0m
最低水位
EL115.6m
洪水調節容量と
発電容量の共有
7,000千m³
低い貯水位で放流
できるように
新たな放流管を増設
増設放流施設
EL 95.0m
堆砂容量 25,000千m³

鶴田ダム再開発

上流仮締切工事

削孔工事

業の効率化と安全確保策も必要だ。

そのため、「飽和潜水」という方式をとった。飽和潜水とは、作業期間を通じてダイバーに作業水深と同じ気圧の居住空間で生活してもらい、作業終了時に減圧して大気圧に戻す潜水方法だ。

なお、鶴田ダムの現在の治水機能を維持しつつ、利水機能への影響も必要最小限に抑えながら施工する必要がある。このため、貯水池内の工事は、非出水期（十月十六日～六月十日）のうち、十月十六日～五月三十一日に通常よりも貯水位を下げて行うことになった。

日本のダム技術の粋を集めた鶴田ダム再開発事業は、平成十九年度に事業化以来、取付道路、護岸工事等が進み、いよいよ仕上げの段階に入ろうとしている。平成二十七年度には本体工事が完成し、平成二十八年度より治水効果が発現され、さらに二年で付帯工事まで完成する予定だ。

地域住民の皆様の安全な生活と産業振興にかける思いに対して、厳しい財政状況や環境問題等を考え合わせると、既存の社会資本の有効活用であるダム再開発事業の必要性は、今後さらに高まっていくと考える。

上流、中流、下流域の住民の皆様の強い要望を受け、早期実現に漕ぎ着けた鶴田ダム再開発事業だ。洪水調節機能の強化による治水効果が一日も早く実現できるように願う。

また、今、世界各国から鶴田ダム再開発現場への見学が相次いでいるそうだが、今後のダム再開発における先進的、モデル的な事例として役割を担うことを大いに期待するものである。

ちなみに、日本の治水技術の内外への発信を企図して、鶴田ダムに資料館を作ろうという地域からの要望を受けて検討が成されている。また、上流の景勝地である曽木の滝部とを結び、観光ルートを形成しようということで、県道の改良事業も進みつつある。

五、阿波井堰改築事業

九十年来の地域の悲願

湧水町の旧吉松町の市街地と、これを取り囲むように位置する水田地帯は、過去九十年にわたって大雨の度に浸水被害に見舞われてきた。

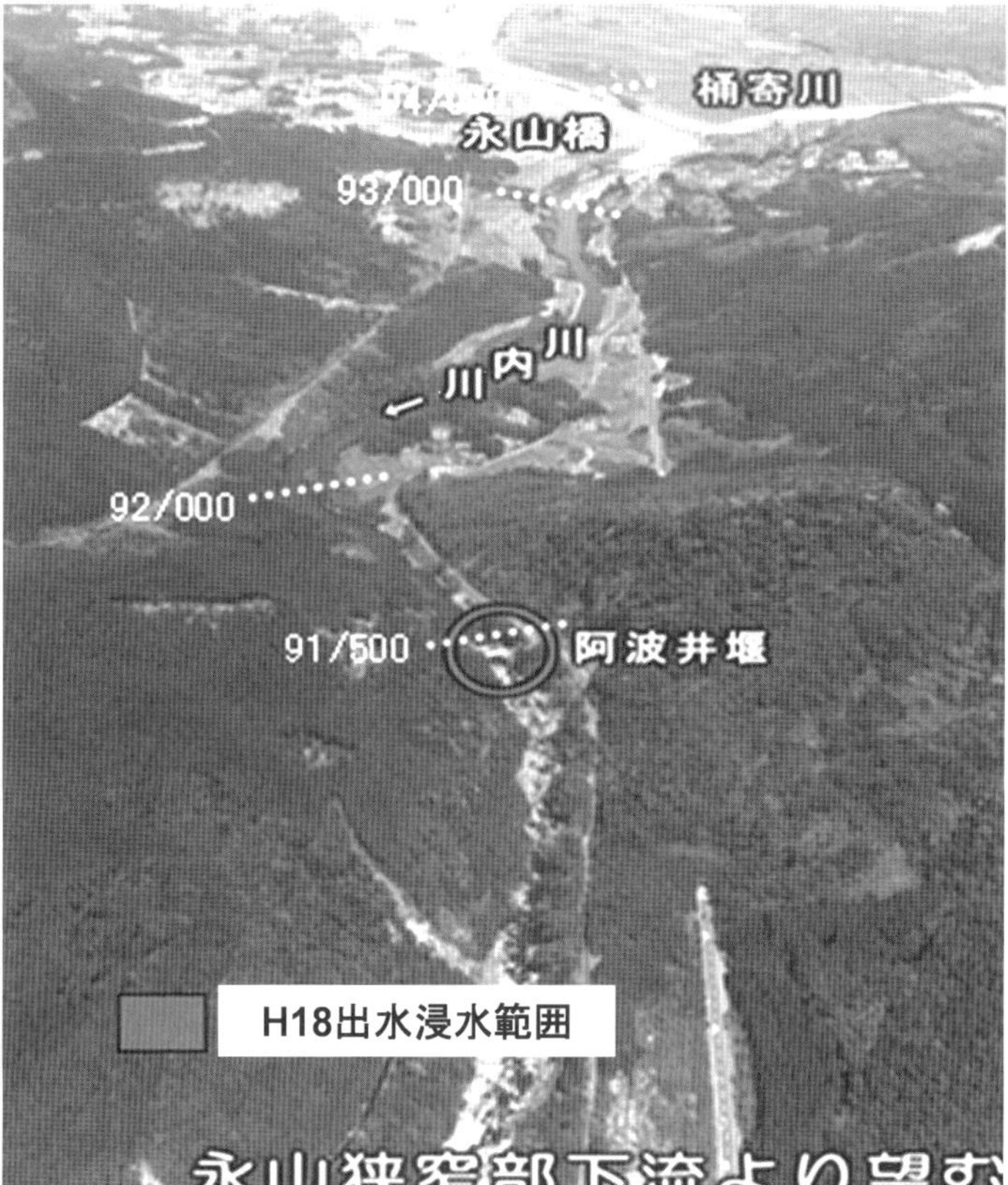

永山狭窄部下流より阿波井堰、吉松町市街地を望む

特に平成十八年水害では、床上二・九ｍのところまで泥水が達し、あたりはすべて湖と化した。その元凶が町の南部、川内川狭窄部に位置する「阿波井堰」だ。

阿波井堰は、大正八年、水俣のチッソ（株）により造られ、発電と下流の水田地帯の用水に供せられてきた。ところが、この井堰は、ここを起点とする「永山狭窄部」と相まって洪水時の水位を上昇させ、大雨時には必ずと言っていいほど被害の大きな原因となってきた。

この阿波井堰の撤去は、九十年来の地域の悲願でありながら、これまで解決されることがなかった。それにはいくつかの理由が存在した。

一つ目には下流への影響だ。阿波井堰を撤去すれば、流れが一挙に良くなるが、下流にとっては、それが新たな被害を引き起こす原因となりかねない。逆に言えば、阿波井堰があることで流れがよどみ、水があふれ、吉松町部が事実上の遊水池となり、下流を洪水から守ってきたことになる。

二つ目には、堰本来の発電用施設としての機能をどう維持するかという問題がある。さらに、この堰で取水された水が用水路により下流の旧栗野町部の水田地帯に引かれ、営農を支え、良質なコメ作りを支えてきたという側面もある。

地域住民との対話集会

また、この阿波井堰については、昭和四十五年二月、チッソ側と旧吉松町とで覚書が結ばれていた。八百万円の解決金と引き換えに井堰の存続を認めるというものだ。

町史によると、昭和四十二年頃から、地元の県議、代議士、県知事を入れてチッソ側との激しい紛争があった。町史に次のような記述がある。

「建設省は、『利水治水は堰を基礎として実施設計がなされており、堰を撤去することによって、堤防の決壊等発生の虞がある』したがって川内川護岸工事の促進をはかることの方がよいのではないかと、暗に堰撤去は困難なことを匂わしていると受け止めなければならない」

護岸工事促進を前提にしつつ、覚書が結ばれ、これにより、行政としてなかなか強硬に要求できない状況が続いたのだ。

難題を解決した可動堰

当初、川内川激特事業において阿波井堰への対応はなされず、この地区における治水対策としては永山狭窄部の開削にとどまった。永山狭窄部の開削で大きな効果が発揮できるとの国土交通省の読みもあった。しかし、地域は収まらない。

「今度もやってくれないのか。また吉松町は遊水池か」

私が吉松町を訪れる度に人々の悲痛な叫びを聞かされた。私が地域の人々との対話集会に行くと、町議の森山マスミ氏や福島勝男氏、治水協議会の川野十三会長をはじめ、大勢の人々が「阿波井堰撤去」の横断幕を張って私を待っていた。

川野十三氏は元国鉄の技師だが、大雨の時の水の流れを独自に計算をして、いかに阿波井堰が氾らんの元凶となっているか、図面を示しながら、熱っぽく説明してくれた。

そんな折りも折り、大雨で阿波井堰の上部が損壊し、流れがよくなり、川のよどみが少

事業説明会

なくなった。井堰の補修が必要だが、住民感情は全く違う。

「せっかく流れがよくなったのに補修は許さない」

阿波井堰に対する地域住民の恨みは深く、沸き上がる声は悲痛だ。今度という今度はこの元凶を無くさなければならない。私は国土交通省と粘り強く交渉を重ねた。

プラス材料となったのが川内川激特事業と鶴田ダム再開発事業だ。すなわち激特事業で旧栗野町部の河道掘削、旧菱刈町の川間川の築堤や本川の河道掘削、旧大口市の曽木の滝分水路の建設、旧宮之城町部の分水路や輪中堤の建設など、下流の受け皿づくりが急ピッチで進んでいく。加えて、鶴田ダム再開発により洪水調節容量が増すことで、文字通り受け皿の拡大が図られる。これらにより上流からの流れも受け止めることができるのだ。

一方で、水田用水や発電用水としての機能をどうするのか。そこに出てきたのが、阿波井堰を単に撤去するのではなく、可動堰として改築する案だ。

「阿波井堰改築をやる方向で検討します」

平成十九年十月のある日、国土交通省の関克己治水課長が私の事務所を訪れて笑顔で語った。飛び上がるほどうれしかった。吉松町の人々の顔が浮かんだ。かくして平成十九年十二月、「阿波井堰改築事業」の実施が決まった。

この事業は、旧井堰を撤去して、その二一五m上流部に井堰を新築するものだ。新たな井堰は可動堰となり、通常は下流の水田用水や発電用水を確保し、いざというときは堰が開かれ、よどみが解消される。事業についての住民への説明会で私は自ら説明に立ち、住民の皆様の理解を得ていった。

慣行水利権と許可水利権

阿波井堰の事業において、米満町長をはじめ、町当局が特に苦労されたのが「水利」の問題だ。従来、阿波井堰で取水された水が下流の旧栗野町北方《きたかた》地区の水田地帯に引かれ、豊かな稲作が営まれてきた。天皇陛下への献上米にも使われた良質の米を作ってきた誇りある水田地帯だ。

上流部の吉松町地域の当初の要望は阿波井堰の「撤去」だった。しかし、井堰そのものを撤去してしまうと、下流の水田地帯の用水に支障を来たし、営農が困難となる。当然のことながら、下流からは懸念する声があがった。

そこで、考案されたのが「可動堰」として改築することだ。これにより、洪水調節を可能とすると同時に、水田用水や発電用水を確保できることになった。

また、「水利権」の取り扱いも問題となった。水利権は慣行水利権と許可水利権に分けられるが、この地域では従来、慣行水利権として定着していた。慣行水利権とは、旧河川法の施行以前、あるいは河川法の適用を受ける法定河川として指定される以前から地域の人々が利用してきたことによる既得権としての水利権だ。すなわち、長年にわたる水の利用―水の事実上の支配をもとに権利として社会的に承認されたものだ。改めて河川法に基づく取水の許可申請行為を要することなく、許可を受けたものとみなされてきた。

一方の許可水利権とは、河川法に基づき、河川管理者（この場合は国土交通省）から水利使用に関する許可を受けて正式に成立しているものだ。慣行水利権において、その内容が必ずしも明確でなく、他との水量調整等において問題があることから、施設改築の機会等に許可水利権への切り替え手続きが行われてきた。

阿波井堰改築においても北方水田約一三八ヘクタール《ヘクタール》について慣行水利権から許可水利権への切り替えが必要だったが、従来、既得権として安定的に利用してきた仕組みを役所の管理のもとに別の仕組みに変えることに対して現場には予想以上の抵抗があった。

「今まで何の問題もなく水を利用してきたのに、なぜ改めて許可水利権なのか」

「今までのように確実に水が利用できる保証はあるのか」

許可水利権になれば、十年に一度の更新手続きが必要だ。毎年の取水量を報告する義務もある。営農の現場にしてみれば、降って湧いたような課題に不安が広がるのは当然であって、古来「水」の問題は深刻だ。手続きとしては土地改良区が国に申請することになっているが、米満町長をはじめ、町当局が間に入って調整を重ねた。そして土地改良区の人々

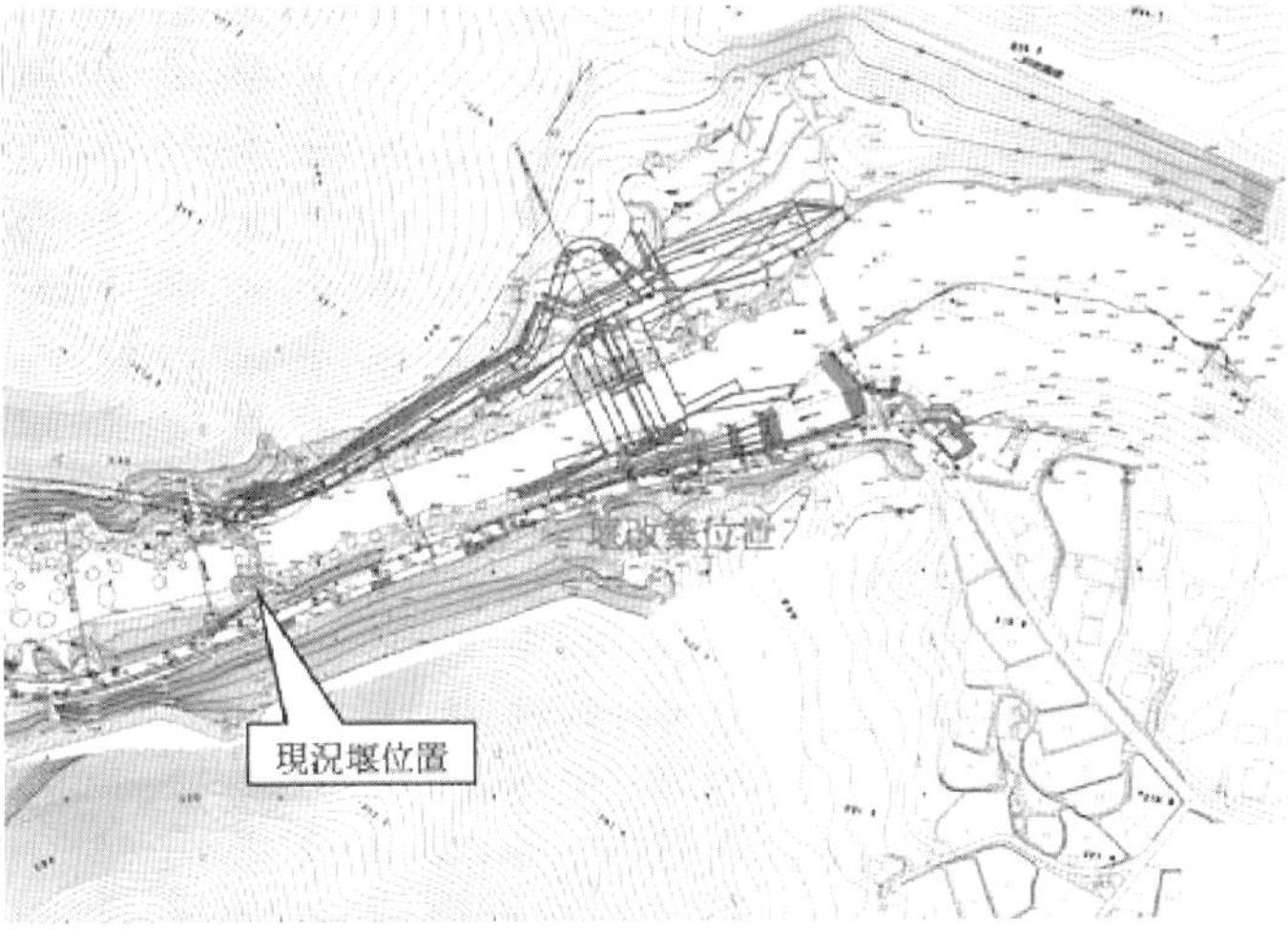

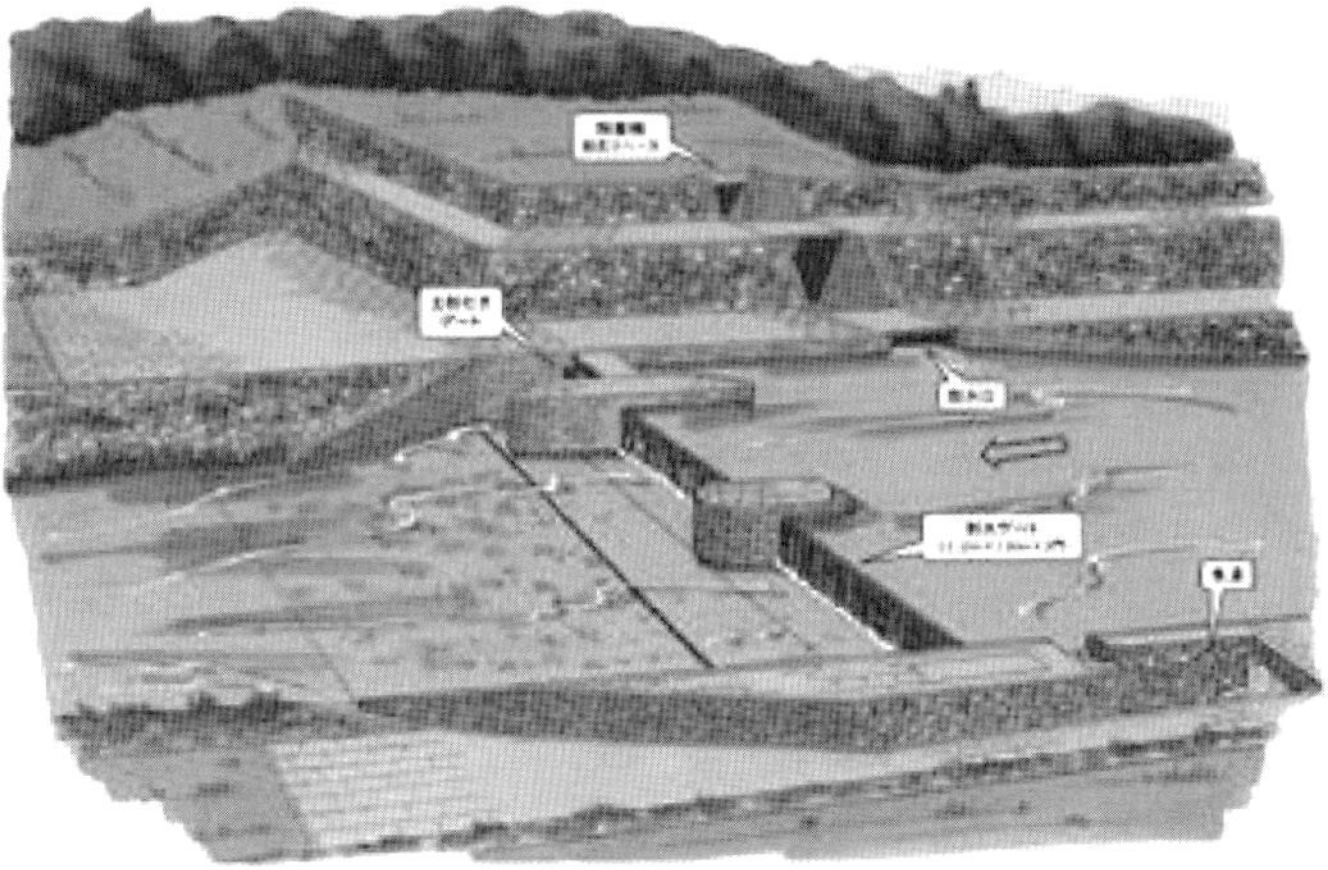

新阿波井堰詳細図

の寛大な理解により、平成二十三年二月、栗野土地改良区慣行水利権から許可水利権への移行申請がなされ、同年七月、許可された。

六、治水事業余話

国の予算の仕組みを変える

さて、河川整備が思うように進まない要因として財政上の制約があることは前述した。特に今回の災害対応を通じて治水予算確保の必要性を痛感した。

そこで着目すべきは「復旧事業予算」だ。復旧事業予算は国の会計における「予備費」や「補正予算」から投入されるために、本来の河川局（現在は水管理・国土保全局）の予算とは別会計、すなわち別の財布から振り向けられることになる。

ところが、復旧事業は「原型復旧」、すなわち壊れた箇所を元の状態に戻すことが基本であるために抜本的改良ができない。元の状態に戻してもまた壊れることが分かっていても融通が効かないのだ。なんとかならないのか、私は国土交通省と協議し、党の部会や国会質問でも取り上げ、問題提起をした。

例えば、平成十八年十月二十五日、衆議院国土交通委員会。私はまず、河川整備の遅れを指摘し、いかに多くの国民が危険にさらされているか説いた。

「元来、人類の文明は川のほとりで始まり、人は川に寄り添って生きてきました。その結果、日本では、洪水氾らん域に人口の五〇％、資産の七五％が集中し、自治体の九割が常に土砂災害の危険に晒されています。ところが投資に限界があるなかで河川の整備率は目標の六割に止まっています。多くの国民が水害の危険に晒されているのが現状です」

「加えて、今回、鹿児島で採択され、大きく期待される激特事業ですが、最近の豪雨災害の増大傾向に伴い、全国的に激特事業への財政需要が高まっており、これが通常の河川整備の進捗に大きな影響をもたらせています。新たな財政的仕組みの検討が望まれます」

これに対して門松河川局長が応えた。

「今年度予算において激特事業が河川事業全体の二割を占め、予算的にも一層の工夫が求められる状況になっています」

さらに私は復旧事業の課題を説いた。

「河川整備は、予算と時間とバランスとの闘いです。すなわち、限られた予算でいかに早期に上流、中流、下流のバランスある対応を図っていくか、そのためには、いかに効率的に投資を行っていくかが問われます」

「復旧事業において考えるべきは、河川のカーブ部分に見られるように、毎回のように同じ箇所が被災して、氾らんして、復旧を繰り返すケースが少なくないということです。また、海岸の堤防やがけ崩れ箇所のように、被災復旧をした翌年にまた、その隣接部が被災するケースも少なくありません。復旧事業では、原型復旧に止まらず、河川のカーブ部分をカットしたり、被災箇所の隣接部まで合わせて改良するといったような、復旧プラスアルファの対応を図ることが、再度災害防止の観点のみならず、長期的に見ればコストの削減につながっていくと考えます」

この問題提起が功を奏し、その後、「改良復旧」の考え方に基づく整備が進められることになった。すなわち、復旧事業であっても原型復旧にとどまらず、再度災害防止のための「改良」まで、ある程度行えるようになったのだ。

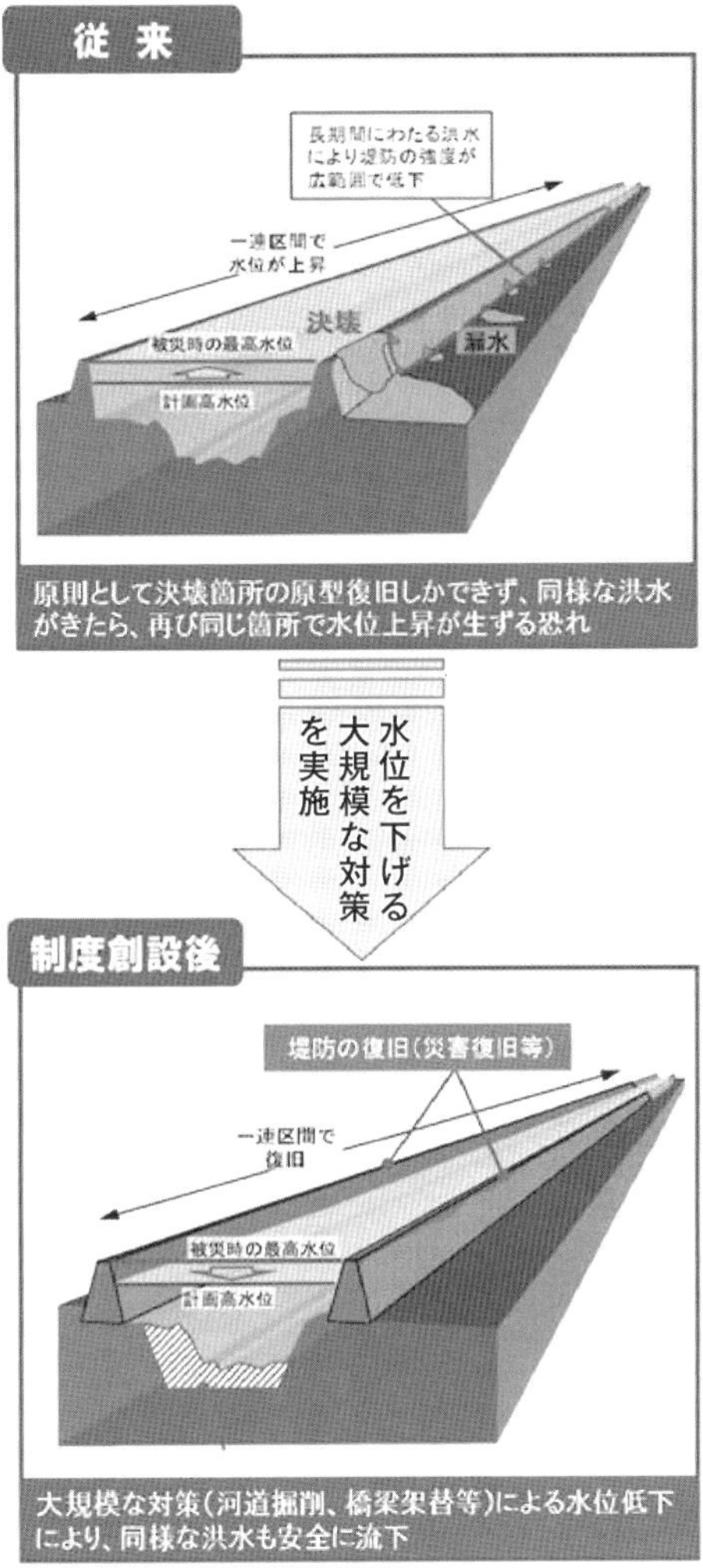
従　来
長期間にわたる洪水により堤防の強度が広範囲で低下
一連区間で水位が上昇
決壊
漏水
被災時の最高水位
計画高水位
原則として決壊箇所の原型復旧しかできず、同様な洪水がきたら、再び同じ箇所で水位上昇が生ずる恐れ
水位を下げる大規模な対策を実施
制度創設後
堤防の復旧（災害復旧等）
一連区間で復旧
被災時の最高水位
計画高水位
大規模な対策（河道掘削、橋梁架替等）による水位低下により、同様な洪水も安全に流下

改良復旧の例

政権交代で危ぶまれた川内川治水

平成二十一年八月、自民党は自らの不徳の致すところで政権を失った。代わって政権を得た民主党により、公共事業を取り巻く環境は大きく変わった。

すなわち「コンクリートから人へ」のスローガンのもとに公共事業予算は極端に削減され、特に治水事業は当時の前原誠司国土交通大臣による「ダム事業凍結」方針等により、その前途に暗雲が垂れ込めることとなった。

「果たして川内川治水はどうなるのだろうか」

地元からもせっかく軌道に乗ってきた川内川や米之津川の治水事業の継続を危ぶむ声が寄せられた。意を決した私は、平成二十二年三月一日、衆議院予算委員会分科会で質問に立った。相手は前原大臣。

私は、まず、平成十八年の豪雨災害を受けて「二度とあの川を氾らんさせない」との信念で進めてきた激特事業の経緯を説明し、計画通りの事業実施を訴えた。

「私どもの鹿児島では、平成十八年七月、鹿児島県北部一帯を集中的、記録的な豪雨が襲い、川内川、米之津川流域を中心として戦後未曾有の大災害となりました。道なき道を進みながら、やっとの思いで陸の孤島と化した現地に辿りついて、目の当たりにした光景を忘れることができません」

「以来、地域の皆さんと一丸となって陳情を重ね、国会での議論も繰り返してきました。お陰様で川内川、米之津川流域に河川激特事業が採択され、整備が進んでいます。来年度いっぱいで完成予定です」

衆議院予算委員会分科会で

「計画通りに、予定通りにこれをやりあげたい。政権が変わっても人の命の重さは変わらない、その共通した思いのもとに推進していただけると信じますが、いかがですか」

前原大臣は頷《うなず》きながら真剣な表情で聞いていた。聞き終えて答弁に立った彼は意外な話から始めた。

「私が初当選の時だったと思いますが、阪神・淡路大震災が起きまして、お父様が防災担当として非常に大きな役割を果たされて、復旧復興に尽力されたこと、大変大きな敬意をもって拝見させていただきました」

そして彼は私の質問にきっぱりと答えた。

「政権が変わろうが全く変わりなく、しっかりとこの激特事業をおおむね五年間で実施をするということです。しっかりと引き続き努力させていただくことをお約束いたします」

質問した私が驚いた。幾分かの期待はあったものの、「釘を刺せればいい」ぐらいに思っていた私にとって望外の答弁だった。

前原国土交通大臣の意外な答弁

気を良くした私は、さらに質問を重ねた。

「阪神・淡路大震災に触れていただき、ありがとうございます。私も当時、大臣秘書官として現地へ飛びました。週末ごとに被災地を駆けずり回ったことを思い出します。当時の教訓をもとに平成十八年の災害にも当初から対応してきました」

「基本的に、治水事業は、川がよどんでいるところを流れをよくすることであります。その結果、下流の方に水量が大きく行って、今度は下流の方が人的災害になる恐れがあります。また、下流の方ほど平野部が開けていて、都市化が進み、人が多く住んでいます。そこで、上流より下流の方から治水は進められ、上流部まで治水事業がたどり着かないという傾向がありました」

「ところが、上流にも人がたくさん住んでいるし、生活があり、文化があり、産業があります。したがって、上流、中流、下流の区別なく、それぞれの危険箇所の解消をしっかり図らなければならない。そこで、これを同時にやっていこうということで激特事業が採択されたのです」

まず、激特事業の継続について念押しをしたうえで、私は鶴田ダム再開発事業についても言質を取ろうと質問した。

「川内川のちょうど中間ぐらいに位置するのが鶴田ダムです。激特事業とは別に鶴田ダム再開発事業も採択いただきました。この鶴田ダムは、下流を水害から守ると同時に、上流を改良することによる水流を受けるために、鶴田ダムの洪水調節容量を増やしていこうという計画です」

「したがって鶴田ダムは、下流のみならず、上流を含めた川内川全体の治水の要となります。ダム事業についていろいろ議論がありますが、川内川にとっての鶴田ダムの位置づけを鑑みていただいて、これもまたしっかりと予定通りにとらえていただきたいと思いますが、見解をお伺いします」

ダム事業への切り込みは、正に彼の方針にとって本丸に係ることだったと思うが、これにも前原大臣はきっぱりと答えた。

「中流にある鶴田ダムの再開発につきましても、しっかりと事業完成までやり遂げるということで、引き続き努力をさせていただきたいと考えます」

心の中で快哉を叫んだ。ダム工事凍結論者の彼がここまで答えてくれたことは画期的だった。私はさらに「阿波井堰改築事業」についても言質を取ろうと試みた。

「川内川の上流部、湧水町の旧吉松町部に阿波井堰というものがあります。阿波井堰は地域の利水、発電のために昔からありますが、これがあるために、ここで一気に流れがよどんでしまって、水が溢れ、地域の洪水の元凶になってきました」

「これを何とか解消して欲しいというのが地域の八十年来の悲願です。これを激特事業後の事業として採択いただいています。昨年度、調査費を四千五百万円つけていただいて、調査、測量、設計と、順次進んできています。いよいよ新年度に実施設計、そして二十三年度から用地買収、工事着工という段取りになっています」

「地域が八十年来にわたってこの阿波井堰のために苦しめられてきました。地域がいつまでも災害に苦しめられているような状況では、地域に人が住まなくなる、産業も起きてきません」

「地域の安心、安全を確保することこそが地域発展の基本であると思います。これもまた予定通りにしっかりと進めていただきたい。これがあって初めて川内川全体の治水が成ると思います」

これについては、さすがに前原大臣も認識していなかった。

「小里先生、これは吉松のあたりですか。激特事業に採択されているものについては、先ほど申し上げたようにしっかりと取り組ませていただきたいと考えています。ちょっとその阿波井堰というものが、個別名を存じ上げないものですから、申し訳ありませんが、激特事業として採択されているものについてはしっかりと最後までやらせていただきたいと考えております」

戸惑ったように、しかし誠実に答える彼に私は改めて説明した。

「急な質問で恐縮でしたが、吉松町部では、激特事業の中で掘削事業があります。激特事業に続く事業として阿波井堰改築を国交省において捉えていただいて、これをしっかりやっていこうと互いに確認をさせていただいております。先ほど申し上げたような経緯ですので、是非計画通りにお願いします」

合点がいった彼は丁寧に答えた。

「それでは、詳しく調べまして、先生に結果をご報告させていただきたいと思います」

念のために記すが、この時、私は野党だ。野党からの質問、しかも政権党の方針に必ずしも合致しない事案についての質問だ。一蹴されても仕方ない。私は、前原大臣の器量に感服した。

さらに驚いたのはその二日後だ。「詳しく調べて結果を報告する」との彼の答弁通りに阿波井堰改築事業について河川局治水課を介して返事が届いた。

「阿波井堰改築事業についても計画通り進めます」

前原大臣の器量と律儀さには改めて感謝する思いだった。そしてこの一件以来、前原氏とは身近なつきあいをいただくようになった。

前原氏の律儀な支援

その年の夏、湧水町長をはじめ、地元から陳情団が上京し、私は前原大臣室へ案内した。いよいよ計画ではその翌年、阿波井堰は着工することになっていた。その念押しのための陳情だ。

「阿波井堰の改築事業は、計画では来年、着工することになっています。地域の悲願です。是非よろしくお願いします」

ここでも彼は約束通りにきっぱりと答えた。

「阿波井堰は来年度に予算措置をして着工します」

後日談がある。その年の十月、内閣改造に伴い、彼は国土交通大臣を辞して外務大臣に就任した。その数日後、赤坂プリンスホテルで開催されたあるパーティーに出席した際、ホテルのエレベーターに乗り合わせた私に彼が話しかけてきた。

「川内川の件は国土交通省の事務方にしっかり話してありますから」

担当大臣が代わって、心配しているであろう私に対する彼の気遣いだった。

さらにその後、前原氏は民主党の政調会長に就任し、政権の政策全般を扱うことになっ

国土交通大臣室で前原大臣に

たので、再び私は地元の陳情団と共に彼のもとを訪れるようになった。その際も彼一流の「配慮」が見られた。

「民主党本部を訪れるのは立場上、気まずいだろうから、議員会館の私の部屋で会いましょう」

ただただ頭の下がる思いだった。このように彼は、一貫して川内川治水を支持してくれたのだ。

日本一の治水事業

平成十八年七月、川内川流域を中心に戦後未曽有の大水害に見舞われた。これに対応して「二度とあの川を氾らんさせてはならない」

との信念で進めてきた川内川治水事業だ。

川内川治水事業の中核を成す「川内川激甚災害対策特別緊急事業」、いわゆる激特事業は、事業費で約三七五億円、九州では過去最大規模となった。採択された事業箇所の延長は約六二㎞で、これは石狩川に次いで全国で二番目、石狩川の事業では支川が多かったため、本川に限れば川内川の事業が全国一となる。

さらに、復旧事業、河川激甚災害対策特別緊急事業、鶴田ダム再開発事業、阿波井堰改築事業等々、合計すると一二一五億円の大事業だ。

規模もさることながら、築堤、掘削、開削、可動堰、分水路、輪中堤、そしてダム再開発と、内容的にも日本の治水技術の粋を集めた、文字通り日本一の治水事業だ。

これにより、九州一の暴れ川が穏やかな恵みの川へと変貌を遂げつつある。長年にわたり洪水被害に遭い、苦しんできた地域の皆様に思いを致しつつ、この事業の推進に取り組んできた国土交通省、県、市町、地域の皆様に深く敬意を表したい。

地球温暖化の影響か、異常気象の中で、いつ、どこで豪雨災害が発生するか分からない。川内川をめぐる取り組みがこれからの治水の参考となれば幸いだ。

第二章

阪神・淡路大震災の教訓

一、即応体制

特命大臣の設置

平成七年一月十七日早朝、阪神・淡路地域を震度七を超える巨大地震が襲い、戦後未曾有の大災害となった。当時、私の父・小里貞利は国務大臣として北海道・沖縄開発庁長官の任にあり、私はその政務秘書官を務めていた。

日に日に被害が拡大するなか、発災四日目の午前、父は国会の院内大臣室に呼ばれた。それは村山富市総理から父への突然の相談だった。

「極めて憂慮すべき事態です。あなたに大震災の専任大臣として対応にあたっていただきたい」

政権三党首で決めたという。それまで災害対策には国土庁長官があたっていた。ところが、全く経験したことのない大規模災害であるが故に被害状況の把握すら進まず、政府の初動の遅れがマスコミや野党から激しく批判され、政府は体制の再構築を迫られたのだ。

震災対策大臣に従って

父にとって迷っている間はなかった。

「私の政治生命をかける覚悟で引き受けさせていただきます。ついては、対策のための人事も予算も任せていただきたい」

辞令には「兵庫県南部地震対策を政府一体となって推進するため行政各部の所管する事務の調整を担当させる」とあったが、事実上、震災対策を統括する司令塔としての役割だ。

かくして父は、北海道・沖縄開発庁長官の任を解かれ、震災対策特命大臣として震災対策に専念することになったのだ。自社さ政権が臨む大きな試練の始まりだった。私も北海道・沖縄開発庁長官秘書官から震災特命大臣秘書官へと職務が変わり、大臣と不離一体で大臣の職務をサポートすることになった。

崩壊した阪神高速道

急遽、北海道開発庁および沖縄開発庁の幹部職員が集められ、大臣から退任の挨拶があった。それまでの部下の協力に謝意を表し、新たな職務に立ち向かう覚悟を述べる父の目に光るものがあり、父は声を詰まらせた。初めて見る父の涙だった。感謝、覚悟、闘志・・・政治家としての極限の境地だったのだろう。

その日の午後には空路、被災地へ向かった。午後七時、伊丹空港に着いたが、そこから神戸の被災地まで行くのに六時間かかった。あちらこちらで道路が寸断され、いまだに火がくすぶる被災地への車両で道路が渋滞し、パトカーがサイレンを鳴らして先導するも効果はなかった。深夜0時を回ってホテルに着いて食べた冷え切った弁当を今でも思い出す。

現地対策本部の活動

一月二十一日、神戸、西宮、芦屋と自衛隊のヘリコプターで被災地を視察、さらに自衛隊の宿営地を見舞った後、兵庫県庁に入った。貝原俊民知事や笹山幸俊神戸市長から被害状況を聞いた後、大臣は宣言した。

「被災地のニーズに迅速、有効に対処したい。そのため事実上、現地対策本部を本日設置し、東京との緊密な連携のもとに震災対策の実効をあげたい」

大災害時には毎日、各被災地から次々と要望が押し寄せ、急いで解決すべき課題が山と生ずる。それをしっかりと受け止め、東京とを直結するパイプ役として現地対策本部を設置することが必要だ。現地対策本部長には当時、国土政務次官であった久野統一郎氏を充て、内仲康夫国土庁官房審議官を副本部長とした。

翌二十二日には兵庫県庁内に部屋を借り、国土庁、建設省、警察庁、防衛庁、厚生省、農林水産省、自治省など十三省庁から約三十人が本部員として常駐し、補助員も含めると約六十人の体制となり、現地対策本部が正式にスタートした。

後に「阪神・淡路大震災時は小里震災大臣が現地に常駐し、対応にあたった」と評論家やマスコミ等に報じられたが、正確ではない。当時は通常国会の最中であり当然、国会の論議は震災対策に集中したため、担当大臣は平日は東京にあって国会対応にあたらなくてはならない。したがって、大臣は、現地での対応は週末をあてたのだ。

その代わり、久野現地対策本部長以下が現地にあって、手分けして、災害現場、避難所、がれき処理場、仮設住宅建設現場等を巡回し、状況を把握し、要望を聞くなど、昼夜の区別無く献身的に対応した。毎日のように久野本部長からは現地の状況や課題について連絡があり、私の携帯電話も頻繁に鳴らされ、大臣に取り次いだものだ。

現地対策本部員の被災地での日々は、非常時とはいえ、過酷なものだった。まともなホテルや宿泊所があるはずもなく、ほとんどが県庁や役所のソファー等を寝所とした。コンビニエンスストアやスーパーも倒壊し、残った店に買い付けが殺到し、陳列棚からは品物が消え、店として機能していない。食事も不定期の配給による弁当であり、食事にありつけないことも珍しくなかった。移動手段も専ら「徒歩」によるものだったが、彼らは日々、被災者の心中に思いを致しながら、一日も早い、復旧・復興に向けて駆けずり回ったのだ。

初《しょ》っ端《ぱな》から冷や汗

一月二十日、第百三十二通常国会は開会した。小里担当大臣にとっての初舞台は一月二十四日の参議院本会議だったが、今、思い出しても「ぞっ」とするような事態が起きた。

その日の朝、国会連絡室で通常国会について打ち合わせをしたあと、大臣は特段の出番はないはずの本会議場に向かった。その途中、随行していた官房長が「念のために」と私に原稿のようなものを手渡した。見ると、本会議で大臣が今次震災について被害や対応状況を報告をするための原稿ではないか。聞くと、正に今、向かおうとしている参議院本会議で担当大臣が報告することになっていると言う。

「えっ？」

背筋に冷や汗が走った。官房長は当然、事務秘書官なりが説明していると思いつつも念のためにと渡してくれたものだった。全く寝耳に水、私は慌てて大臣に手渡し、説明した。もし、そのまま官房長の「念のため」がなく、何の用意もなく本会議に臨んでいたなら、どうなっていただろうか。突然に議長から震災の状況報告を求められ、大臣は原稿もなく、ひな壇で右往左往していたことになる。

初動体制の不備を責められて急遽、交代した大臣が初っ端《しょっぱな》からそれでは、タダでは済まなかっただろう。経験したことのない発災による急ごしらえの事務体制、教科書も何もないなかでの出来事であったろうが、ちょっとしたミスが大事につながりかねないのが永田町だ。気を引き締めてかからなければならない。大臣は何事もなかったかのように、切々と状況報告を行った。

二十四時間以内に対策を決定した御前会議

震災対策は、当時の国土庁、建設省、運輸省、厚生省、警察庁、防衛庁、農林水産省、大蔵省、自治省など多くの省庁が震災大臣のもとに連携して取り組まなければならない。そこで、現場と大臣、大臣と役所の間の情報伝達、対策の策定・実施を円滑に進めるために「地震対策担当大臣特命室」が設置されることになり、十一の省庁から若手精鋭が集められた。

彼らは、日々上がってくる現場のニーズに対応するために、大臣の指令のもとに各省庁とを結び、正に寝食を忘れるほどに献身的に活動してくれた。実際に彼らは定時に食事を取るような余裕はなく、役所と国会とを移動する車の中でパンをかじり、夜遅くまで省庁との連絡調整、対策づくりに没頭し、家に帰ることすらままならなかったのだ。

「あなた方の意見をすなわち各省庁の考えと思います。私心省益を越えて、迅速かつ的確な対応を心がけよう」

特命室発足にあたり大臣が述べたように、大臣は彼らを全面的に信頼し、彼らもそれに応えた。大臣と特命室、そして現地対策本部が一体となった取り組みが進んでいったのだ。

発災後、間もなく開会した通常国会は当然のごとく議論は震災対策に集中し、さながら「震災国会」の様相を呈した。特に衆議院と参議院の予算委員会、災害対策特別委員会は、与野党を問わず被災地の声を擁した議員による激しく、熱心な議論が行われた。震災大臣にとっても震災対策を策定し、実施していくうえで貴重なヒントを得る場だ。耳をそばだてて聞き、対策に活かしていった。

したがって、月曜日から金曜日の昼間は国会に詰めて対応するため、対策案を練るのは夜だ。毎日の国会終了後、夕食もそこそこに大臣室に特命室のメンバーが集まり、その日の被災地からの情報が一つひとつ報告され、大臣を中心に対策を検討する。これを彼らは「御前会議」と称した。

食事の確保、風呂の整備、交通の確保、がれき処理、病院の確保・・・毎日、山のように被災地から課題が寄せられる。その日上がってきた課題が特命室員から報告され、みんなで話し合ったうえで大臣が方針を示す。その方針を省庁別に担当の特命室員が自分の役所に持ち帰り、省庁内で検討したうえで具体策を練り、翌日の御前会議に報告する。

「よし、これでいこう」

特命室員が上げてきた対策案を大臣が裁可すると対策が決定する。すなわち、毎日上がってくる課題について原則として二十四時間以内に対策が決定される仕組みだ。

二、即断即決

テレビ画面から大臣が指示

平日が国会に取られるため、被災地に行くのは週末だ。毎週土曜日を大臣は被災地で過ごし、現場の声を聞いて回った。

被災地を回るなかで心配したのがインフルエンザだ。真冬でもあり当時、避難所ではインフルエンザが猛威を奮っていた。避難所の方々を心配すると同時に大臣のことを心配した。大臣がダウンしては大変だ。対策が滞ってしまう。

私は、大臣、ＳＰ、秘書官、秘書室員に対してマスクを着用してもらうなど防御策を講じたが、ほとんどがばたばたと罹患していった。ところが不思議なことに大臣一人が罹患せずに最後まで元気だった。使命感がそうさせたのだろうか。

土曜日の夜遅くに東京に帰り、日曜日の朝はテレビ出演だ。「日曜討論」、「報道二〇〇一」、「サンデープロジェクト」など、二つ、三つの番組を大臣は「はしご」をして回った。番組の中で避難所や活動団体など現地の方々と生中継でつないで現地の要望を聞く場面も多かった。

聞いていると、大臣が勘違いから間違ったことを言ったり、思いのあまりに先走り気味の発言をする場面も時々あった。そのような時は、私がボードに書いてテレビカメラの後ろから掲げて訂正を求めたりしたものだ。記者会見の時もそうだが、大臣の発言は重く、間違って伝わってはいけない。そのため、私は幅二〇cmはある鞄に付箋を付けた資料を詰め込み、持ち歩いたものだ。

大臣がテレビ出演するときは、特命室の室員もそれぞれの部署でテレビ画面に釘付けになっていた。というのも大臣が番組の中で新たな対策に言及するからだ。それも「検討する」ならいいが、断定的に言及することも多かった。

「これでやります」

大臣が発言した対策案は具体化し、実施しないといけない。彼らは事実上、テレビ画面を通じて指示を受けるような形だ。

「さあ、大臣の指示が下りたぞ」

まるで目の前で指示を受けたかの如く、彼らは集まって対策づくりに取りかかった。こうしたことが何度か続くうちに、大臣がテレビ出演する時には最初から集まっておこうということになり、彼らは一緒にテレビの前で大臣の「指示」を待つようになった。

不可能と思われた応急仮設住宅建設目標

大臣からの指示で特命室員が一番慌てたのが応急仮設住宅の建設だろう。

「三月末までに三万戸、四月末までに四万戸を供給します」

二月九日の国会で大臣は答弁した。それは特命室員にとって途方もない数字だ。まず膨大な予算がかかる。予算はなんとかするとしても、資材と土地の確保が危ぶまれた。

本来、資材の国内在庫は約二千戸分しかなく、メーカーの供給能力もフル操業で月産一万個弱と言われ、これまでの日本の災害では千戸～二千戸を建設した経験しかなかった。阪神・淡路大震災でも、震災で家を失い、避難所で抑圧された窮屈な生活を送っている人たちの居住先を一日も早く提供することが、最重要課題だった。

「本当にできるのか」

国会でも連日、何度も質問が繰り返されたが、大臣は何度も答弁した。

「三月までに三万戸、四月末までに四万戸、どんなことがあっても建設します」

特命室員たちも観念した。

「こうなったら後には引けない。何が何でも達成するぞ」

実現のためにまず応急仮設住宅メーカーやプレハブメーカーに呼びかけて集まってもらい、協力を要請した。専門メーカーだけでなく他の住宅産業界にも協力を依頼した。

土地の手当ては発注者である県の仕事だが、国も積極的に対応し、各省庁から国有地等二四三カ所、約三二〇㌶を提供してもらった。

さらに、関西経済連合会に呼びかけて、民間企業二十八社から四十三カ所、約五七ヘクタールの土地を提供してもらった。その結果二月下旬になると、土地については絶対量としては十分に確保された。

仮設住宅資材の輸入については、各国から申し出があったが、ほとんどの場合、在庫はなく、注文があれば、これから生産するというもので、輸送に長期間を要することなどを考えると、国内調達に比べて、供給を早める効果はなかった。結局、五カ国から約三千戸だけを輸入することになった。

二月末の段階で応急仮設住宅の完成戸数はまだ七千戸と低調であり、関係者の間に不安が広がっていた。

現場では、交通事情が最悪の状態だった。そのために輸送ルートを変更したり、昼間の渋滞を避け、資材の納入は夜、行ったりした。また近隣住民の反対があったり、軟弱地盤だったり、トラックの進入路がないなどの事情で、用地が変更になることもしばしばだった。彼らは想定しない困難な事態を克服しつつ、目標に向かって全力を尽くした。

三月一日には政府担当部局と建設会社代表による「応急仮設住宅建設推進連絡会議」が開催され、関係者全員が建設目標を再確認し、努力することが確認された。

特命室では、建設状況を把握するために現地に担当官を派遣した。また、彼らは日々の完成戸数をグラフ化して自らを鼓舞しつつ、関係者との連絡調整に当たるなど奮闘した。切羽詰まってくると自らが建設現場に行ってトンカチやろうという気持ちになったとも聞いた。

現場も兵庫県も政府も総力戦を展開した結果、三月三十一日午後六時過ぎ、ついに三万戸が完成した。その後、兵庫県からの追加要望を受け入れ、合計四万八千三百戸が建設された。

がれき処理に自衛隊

大災害からの復旧を進めるにあたって、まず直面したのが災害廃棄物の処理、いわゆるがれき処理だ。被災地一帯に横たわる膨大ながれきを処理せずして復旧も復興もない。

がれき処理を進めるにあたって、まず問題になったのが費用負担だ。これまでは、全壊した建物については廃棄物として、その処理は市町村が負担し、費用の二分の一を国が補助していたが、半壊及び一部損壊の建物の解体は、所有者の責任と負担で行うようになっていた。

これでは建物の撤去は進まず、復興も進まないことから、大臣は、首相官邸や武村正義大蔵大臣、井手正一厚生大臣等と協議の上、方針を打ち出した。すなわち「半壊家屋等も含めて解体、撤去にかかる費用は、二分の一を国庫負担とし、残り二分の一の九五％については国からの交付税で補う」という公費負担の方針だ。

同時に企図されたのが自衛隊員によるがれき処理作業への協力だ。しかし、自衛隊の災害派遣本来の目的は、「国民の生命・財産を守るために緊急性と公共性があり、かつ代替性のない災害への対処」であって、倒壊家屋の処理に関わることは自衛隊の活動になじまないとの指摘もあった。

大臣は随分と悩んだ。本来の防衛活動を越えて人命救助活動や支援活動に懸命に活躍してくれている自衛隊に、さらにがれき処理作業に携わってもらうことは忍びないものがあった。しかし、事態は切迫していた。要員不足を解消して迅速に作業を進めるために自衛隊が協力してくれれば、これ以上心強いことはない。

ただ、根拠がない。大臣が思案していると、防衛庁から出向の大臣特命室員が大臣室に飛び込んできた。

がれき処理にあたる自衛隊員

「ありました。山形の『酒田の大火』で自衛隊が、がれき処理に従事した実例が見つかりました」

昭和五十一年十月、庄内地震の直後に発生した大火災で酒田市商店街を中心に一七六七棟が焼失した。この復興作業にあたって、自衛隊が災害派遣の一環として、道路確保を理由に法解釈を変更して災害廃棄物の撤去にあたったのだ。災害の大きさや、すべてを失った被災者に思いを致しての対応だった。

この酒田の大火の実例が有力な根拠となった。かつ、倒壊家屋を整理することが被災地の復旧・復興に欠かせず、緊急性も公共性も十分あると判断された。その結果、阪神・淡路大震災に際しても倒壊家屋の処理、および運搬において自衛隊の協力を得ることとなった。災害廃棄物のなかには、形見の品や思い出の品も多く含まれている。いたる現場で自衛隊員が一つひとつの廃棄物を吟味しながら丁寧に作業していた光景を思い出す。

自衛隊の災害派遣手続きの教訓

自衛隊は、自衛隊法の規定により、都道府県知事、海上保安庁長官等の要請により災害派遣されることとなっている。また、都道府県知事等の要請を待ついとまがない場合には、要請を待たずに防衛大臣が自主派遣できることとなっている。さらに、自衛隊の部隊長等は、自衛隊の施設の近傍に火災等が発生した場合には部隊を派遣することができることとなっている。

阪神・淡路大震災では、自衛隊は救助活動や被災者への支援活動において大きな役割を果たした一方で、自衛隊はもっと早く出動できなかったのかとの批判も浴びた。実際は、自衛隊の目に見える働きが遅くなったとすれば、県知事からの派遣要請が遅れたからに他ならない。発災時、道路は寸断され、交通網が麻痺するなかで、県知事の県庁への登庁も遅れ、被害状況の把握もままならなかったのだ。

伊丹市にある陸上自衛隊中部方面隊は、発災して間もなく非常勤務態勢を取り、七時十四分に航空隊のヘリコプター二機を発進させ、偵察を行った。七時三十分には、姫路にある第三特科連隊が連絡調整員を兵庫県庁に派遣し、七時五十八分には、伊丹にある第三六普通科連隊四十八人による近傍災害派遣を実施した。

第三六普通科連隊は、八時十分に電話により兵庫県庁と連絡し、被害状況について「特別の情報はない」ことを確認。八時十一分には、海上自衛隊徳島教育航空群もヘリコプターで偵察を開始し、八時二十分には、第三六普通科連隊が二〇六人による近傍災害派遣を実施。さらに救難機、輸送機の待機指示などが出された。兵庫県知事から姫路駐屯地司令に災害派遣要請があったのは午前十時だった。

「自衛隊の人員約二万千四百人、車両約二千二百両、航空機一三六機で支援にあたり、人命救助一八六人、遺体収容七五八体・・・」

発災五日目に神戸市王子陸上競技場にあった陸上自衛隊第三師団の対策本部を大臣に従って訪れた際に、浅井輝久師団長が、理不尽な批判に耐えて使命を果たしている自衛隊の活動状況をほとばしるような思いを込めて説明してくれたことを思い出す。

阪神・淡路大震災の教訓を活かすべく、その後、災害対策基本法の改正、防災基本計画の見直し、防衛庁防災業務計画の修正等が行われた。

その結果、災害の状況を身近に把握し得る市町村長が都道府県知事に対して災害派遣を要請するよう求めることができることとし、かつ、市町村長が災害の状況を直接、防衛庁長官（現在は防衛大臣）に通知できることとなった。

三、現場の立場で

復興への道標《みちしるべ》

対策に当たって困った事は、決定した対策がなかなか現場や被災者に届かないことだ。対策に臨んで以来、避難所対策や産業の再開に向けて数々の対策を打ち出していったが、被災者がそれを知らない。

例えば、中小企業の再生に向けて必要となる銀行からの融資について金利をどんどん下げていき、実質無利子にする方向だったが、被災地を回り、意見交換をする中で、ある中小企業の社長が大臣に尋ねた。

「大臣、借金の上に借金がかさみ、このままでは事業再開を諦めなくてはならない。中小企業の低利融資に対するニーズは相当なものがあります。どんな考えをお持ちでしょうか」

十日ほど前に打ち出した対策が周知されていないのだ。特に融資の問題は企業の再生に直結することから、国会で何度も取り上げられ、答弁し、何度も大臣が説明していた。考えてみると被災地ではテレビを見る余裕すらないのかもしれない。テレビそのものが設置されていない避難所も多かった。

仮設住宅の建設についても、こんなやりとりがあった。

「大臣、私たちはいつまでここにいなければならないんだろうか、仮設住宅は一体いつできるんだろうか」

「今、一生懸命建設しています。三月いっぱいで三万戸、四月中にさらに一万戸出来あがる予定です。もうしばらく待ってください」

矢継ぎ早に対策を打てば打つほど、政府決定と被災地の認識との間に大きなズレを感じざるをえなかった。なんとか迅速にかつ着実に対策を現場や被災者に伝える方法はないだろうか。私は思案し、大臣に進言した。

「今まで打ち出した様々な対策をわかりやすく整理して冊子にして、例えば『復興への道標』というようなタイトルで関係者に配布したらどうでしょうか」

冊子にするといっても膨大な量だ。作るとすれば大臣特命室に頼むしかないが、彼らは震災対策や国会対策で手一杯だ。恐るおそる相談したところ、彼らは快く引き受けてくれた。彼らも大臣の悩みに気づいていたのであろう。わずか二日間で整理し、立派な小冊子を作ってくれた。

この「復興への道標」を現地の自治体関係者やすべての国会議員、マスコミ関係者らに配ったところ、大きな反響があり、次々と追加注文が舞い込んだ。また、諸対策をまとめ「被災者の皆様へ」と題して、政府の広報誌にも載せてもらい、周知徹底を図った。さらに現地では新聞折り込み、テレビも活用した。

本書の第三章で述べるが、この「復興への道標」が、東日本大震災対策における対策案の下敷きとなり、教科書となった。私は、これを基にして自民党の知恵を募って第一次緊急提言を取りまとめた。提言書には「復興への道標」と冠した。

厳しい声にこそヒントがある

阪神・淡路大震災の発生から二カ月が経とうという三月中旬のこと、緊急対策に始まり、避難所対策、産業復興支援策、特別財政援助、特別立法など、当面の対策が一段落しつつあった。今まで打ち出した対策が現場でどのように受け止められているか、気になった。同時に緊急対策から本格復興へ移行する重要な時期にあたり、今後の対策について現場の意見を聞く必要があるのではないかという思いに駆られた私は大臣に進言した。

「現地の避難所、企業、復旧現場などの各分野を代表する人たちに集まっていただいて、震災対策について率直に意見を交換する現地座談会というようなものを開催したらどうでしょうか」

対策に万全は無い。打ち出してきた対策に不満や非難の声だけが噴出して、大臣糾弾の場になってしまう危険性がないわけではない。心配する声も一部にはあったが、「厳しい声にこそ次の対策のヒントがある」という一念で大臣は開催を指示した。

三月十六日、神戸市にある兵庫県農業共済会館大会議室で「阪神・淡路大震災被災者の方々と語る会」が開催された。

被災地からは自治会長、保健所長、町長、銀行支店長、企業代表、学校長、自衛隊、青年会議所代表、商工会会長、警察等々、三十名近くが参加した。

会では、仮設共同店舗や事業所の開設への支援、都市の区画整理の支援、自治会の集会所再建への支援、避難所への情報提供、ボランティアへの支援など、多くの要望がなされた。それぞれの参加者が、復旧・復興に向けて使命感と情熱を持って取り組んでおられた。

大臣は、最後に次のように挨拶した。

「一言一句聞き漏らすまいとお聞かせいただいた。ご意見についてはその大小の如何を問わず、東京に帰って関係省庁に伝え、きちんと対応する。今日の座談会は、決して聞く会に終わらせないと。明日、いや今夜からの政治、行政に活かしていく。座談会に出席して特に感じた事は、県・市・各省庁の行政区分を超えて一体となって対応していくことが、いかに大切であるかということだ。講じてきた政策が決して十分とは思っていないが、行政の境界を越えて、また、地元自治体と気心を一つに対応してきたつもりだ。これからの復興に向けて、政治、行政の姿勢をもう一度再検証し、積極的に支援していきたい」

第三章

東日本大震災の教訓

一、大震災緊急対策プロジェクトチーム

政治休戦、党を挙げて対策に

平成二十三年三月十一日（金）午後十四時四十六分、東日本大震災が発災した。

当日、私は自民党鹿児島県連の事務所にいた。テレビ画面から映し出される光景は現実のものとは思えなかった。宮城県仙台市の海岸から打ち寄せた津波が田や家を呑み込み、逃げ惑う車をも押し流していった。まるでＳＦ映画でも見ているようだった。

国会は参議院予算委員会の最中だった。夕方、会議を終えた野村哲郎参議院議員から電話があった。鹿児島選出の先輩議員だ。

「大変な災害じゃっど。阪神・淡路大震災の経験があっとは、おまんさあぐらいしかおらんたっで、早よのぼっきやんせ（阪神・淡路大震災の経験があるのはあなたぐらいしかいないのだから、早く上京しなさい）。」

聞けば、阪神・淡路大震災を上回る被害になりそうだと言う。このような大災害の場合

は、被害は日ごとに拡大していくものだ。阪神・淡路大震災の惨禍が思い出された。こうしてはいられない。私は直ちに上京することにした。

夕方、私は谷垣総裁に電話した。

「大災害時には与党も野党もありません。特に自民党には経験があります。あらゆるチャンネルを活かして震災対策を進めていかなければなりません」

もとより谷垣総裁はそのつもりだった。自民党は、過去において災害に対応してきた経験を活かして、持てるノウハウの全てを提供して対策にあたろうという方針に立った。

三月十三日のブログに私はこう書いている。

「未曾有の緊急事態です。国会は当分、政治休戦。与野党を挙げて対策を急ぎます。このことは金曜日に谷垣総裁に電話で確認しました。阪神・淡路大震災で震災担当大臣秘書官として対策に携わった壮烈な日々を思い出します。昨日から当時の教訓をもとに、とるべき体制、救援物資対策、避難所対策、今後想定される事態と対策をまとめつつあります。半年に及んだ当時の経験を活かして、この未曾有の大震災対策に臨みます」

三月十四日（月）、自民党の東日本大震災対策本部会議が開催された。自民党国会議員が全国から駆けつけ、会場は満席。農林部会、国土交通部会、経済産業部会などの関係部会も相次いで開催され、被災地を思う意見が熱心に交わされた。私もそれぞれに参加しつつ、想定される事態や対策について発言を重ねた。

三月十九日には、菅総理から谷垣総裁に副総理兼復興担当大臣として入閣して欲しいとの要請があったが、谷垣総裁は断った。電話でのあまりにも突然の申し出だった。両党間での政策協議はおろか、何の前裁きもない一本釣りのような申し出に不信感を抱いたのだろう。自民党は引き続き、対策の提言を中心に協力していくことにした。

阪神・淡路大震災対策を下敷きに

一方で、私は、阪神・淡路大震災でどのような対策を打ったか、抜本的に検証するべく当時の資料をあたった。そこに出てきたのが対策集「復興への道標《みちしるべ》」だ。当時、食料支援に始まって、生活の復旧、産業の復旧に向けて様々な対策が打たれていったが、なかなか現場に届かない。対策が周知されないのだ。そこで、当時、震災担当大臣政務秘書官として携わっていた私は、打ち出した対策をわかりやすくまとめて対策集として現場に届けることを震災担当大臣に提案し、実行された。復興への道標という名称も私が考えたものだ。

この「復興への道標」には東日本大震災にも通用する対策が数多く見当たった。それを私は抜き出して約一〇〇項目に整理し直して、「東日本大震災対策への提言―阪神・淡路大震災の経験から」として、当時の石破茂政調会長に説明した。

「まずは、これらの対策を自民党から提案したらどうでしょうか」

得心したように聞いていた石破政調会長から夕方、電話があった。

「今次の災害は阪神・淡路大震災より大規模です。対策もボリュームアップしなければなりません。提案する対策案をさらに質、量ともに充実させるためにチームを作ります。ついては、あなたにその長になってもらいたい」

「チームの名称や構成はどうしましょうか」

「任せます」

三月二十一日のブログから

「八十歳のおばあさんと十六歳の少年が救出され、多くの人々に感動を与えました。互いに励まし合いながら過ごした九日間のことを思うと胸に込み上げるものがあります。正に焼け野原に咲く一輪の花を見たような思いであり、立ち上がる勇気を避難所の皆様にも与えたのではないでしょうか。同時に、同じように救援を待っていた多くの人がいたであろうこと、早い段階から機動的な救援の手を打っていれば、もっと多くの命を救えたかもしれないことを考えると残念でなりません。災害対策に『できない』ことは許されません」

緊急対策プロジェクトチームが始動

石破政調会長の指示を受けて、私は直ちにチームをつくり、座長に就任し、対策づくりに取りかかった。自民党の国土交通部会、農林部会、経済産業部会など十一の関係部会の部会長代理に幹事になってもらい毎日、幹事会を開催した。自民党全議員による全体会議も随時開催し、各議員からの意見を求め、各部会からの意見集約と合わせて対策の立案にあたった。チームの名称は「東日本巨大地震・津波災害の法整備等緊急対策プロジェクトチーム」となった。

確かに阪神・淡路大震災に比べて東日本大震災は被災が広範囲に及び、原発事故も併発した。だからといって対応が遅れていい訳ではない。むしろ、阪神・淡路の経験が教科書としてあるにも関わらず、今回は基本動作ができていないし、それを実行する体制すらできていなかった。生活の安定と産業の再生に向けて、自民党は持てるノウハウの全てを提供し、全知全能を傾けて被災地を応援しなければならないとの思いで一杯だった。

東日本巨大地震・津波災害の法整備等緊急対策プロジェクトチーム

PT担当政調会長代理　林　芳正

座長　小里泰弘

次長　片山さつき（経済産業部会長代理）

幹事　坂本哲志（総務部会長代理）

幹事　稲田朋美（法務部会長代理）

幹事　秋葉賢也（外交部会長代理）

幹事　野上浩太郎（財務金融部会長代理）

幹事　松野博一（文部科学部会長代理）

幹事　丸川珠代（厚生労働部会長代理）

幹事　江藤　拓（農林部会長代理）
幹事　谷　公一（水産部会長代理）
幹事　福井　照（国土交通部会長代理）
幹事　有村治子（環境部会長代理）
幹事　佐藤正久（国防部会長代理）
幹事　佐藤ゆかり（内閣部会長代理）

二、第一次緊急提言

対策提言集を突貫工事で作成

三月二十五日、プロジェクトチームの全体会議を開催。全体会議は自民党の全国会議員に呼びかけ、少数野党ながらも一〇〇名を越える議員が参加し、会場は熱気にあふれた。私が会の進行役を務め、まずたたき台となる阪神・淡路大震災でとられた対策を説明した。

各議員からは、熱心かつ貴重な提案が惜しみなく出され、被災地の立場に立った切実な議論が交わされた。

とにかく対策の実施を急ぎ、復旧、復興への道筋を示していかなければならない。私は三月中の第一次提言を企図し、作業を急いだ。

阪神・淡路大震災時の対策から整理した一〇〇項目を基礎としつつ、全体会合で出された提案を吟味して加え、さらに各部会から寄せられた対策案を整理した。整理作業は連日、党本部の部屋を借り切って半徹夜で敢行した。幸いにして自民党政調から袴田文夫氏、福冨健一氏、三宅浩介氏、高橋秀和氏の四人がプロジェクトチーム専任として付いてくれて支えてくれた。

第一次緊急提言ではまず、政府の支援体制の確立を求めた。すなわち対策実施権限を付与し、政治決断を可能とする「震災特命大臣」とこれをサポートする「大臣特命室」の設置及び「政府現地対策本部」の機能強化だ。

また、「被災自治体」は、役所や職員自体が被災し、自治体の行政機能が大きく損なわれていた。そこに被災業務が加わり、業務量が何倍にもなり、業務は停滞し、混乱の極みにあった。そこで、被災自治体への応援体制の構築に向けて、全国の自治体からの派遣職員への国による財政特別支援制度の創設、避難者および避難受け入れ者に対する国の一元的な情報管理と発信機能の充実等、対応の長期化に備えた政府主導による応援体制の構築と支援策を掲げた。

「避難所」では、インフルエンザ等の疾病が蔓延しがちであることから、医療の確保とともに、燃料、暖かい食事、情報、寒さ対策、入浴、し尿処理、廃棄物処理が欠かせない。提言では、医薬品・衛生用品の確保、避難所救護センターの設置、食事提供における状況把握・計画策定・国庫負担率の引き上げ、寒さ対策・日常生活対策における状況把握、要員派遣、避難所パトロール隊の設置、在宅避難者支援等について具体策を掲げた。

「被災者支援」については、諸制度の狭間《はざま》で行き届かない分野について、きめ細かく被災者の支援を実施するための「おもいやり基金」の創設を提案した。また、遺体火葬・埋葬等に関する措置、災害弔慰金・災害障害見舞金の早期支給、地方負担分の軽減、住宅被災世帯に対する支援、災害援護資金貸付・生活福祉資金貸付の円滑実施、医療・介護等の確保、児童・生徒の修学支援について具体策を提言した。

雇用対策、滅失戸籍の再生、被災者の車庫証明等の免除措置、被災者等による農地転用の手続きの緩和、被災者向け臨時ＦＭ局の開設、震災遺児支援対策、募金・義援金等の配分の迅速化、被災者支援策の周知徹底についても具体策を提言した。

例えば、自動車を例におこう。被災地では自動車を失い、新たに取得しようにも役所が被災したり、印鑑を失ったりしたために車庫証明、住民票、印鑑証明などの提出が困難だ。そのため、これらの書類の提出を免除する措置を盛り込んだ。また、失った車の自動車重量税の還付や、新たに自動車を取得する場合の自動車取得税、自動車重量税も免除する措置が必要だ。

さらに「税制」で言えば、船舶や車両を取得するときの特別償却、土地や家屋に係る税制特例など、被災者の皆さんの負担を和らげるために十三項目の税制特例措置を準備し、緊急提言に盛り込んだ。

「ライフライン」の復旧については、電気の復旧、ガスの復旧、鉄道の復旧について要員の確保、実施方法等について現場の実態に基づいた具体策を提言した。

「産業の復興」に向けては、被災企業支援のための低利融資の充実・強化、経営相談の実施、仮設工場・仮設店舗等の整備促進、既往債務の負担軽減、災害復旧高度化事業の拡充、農林水産業融資の充実強化、卸売市場の緊急整備、災害復旧融資制度の創設、被災企業の被害に対する税制上の対応、間接被害・三次被害への対応、三月期決算対策、法人に対する破産手続の開始決定の特例の周知・徹底、民事調停の中立手数料の特例の周知・徹底等の具体策を多項目にわたって掲げた。

「生活産業インフラの復旧」等の支援については、がれき処理に対する国の特別負担・自衛隊による特別支援、インフラ復興のための新たな補助制度等の導入、農林水産業関連の災害復旧計画提出期限・計画期間の延長、災害復旧融資制度の創設、生活・事業活動の復旧への税制上の対応、地籍調査や防災集団移転促進事業における自治体の負担軽減、廃棄物の処理および環境影響評価について具体策を掲げた。

「農業支援対策」としては、各種交付金の要件の緩和と被災地の特例措置、用水路等施設の補修、生産資材の製造・配送に必要な重油や燃料等の確保、米の円滑な流通及び備蓄対策の見直し、被災農家の再建対策、飼料不足対策等二〇項目に及んだ。

「水産関係」では、漁場復旧・インフラ整備、漁船・漁具・養殖施設等漁業資材の新造、流通・加工施設等の整備、金融・保険、被災漁業者の緊急雇用、共同経営・漁協自営方式による水産業復興支援等の分野において具体策を掲げた。

また、大きな困難が予想される「応急仮設住宅の建設促進」に向けては、以下の項目を特に提言した。

①政府自ら調整機能を果たし、必要戸数の把握、目標戸数・完成目標時期の設定、資材の調達、用地の確保、要員の確保に努め、事業全般をサポートすること。
②応急仮設住宅メーカーだけでなく、他の住宅産業界にも協力を依頼すること。
③用地について各省庁から国有地等を提供し、併せて経済団体を通じて地元企業から提供すること。
④政府担当部局と建設会社代表による「応急仮設住宅建設推進会議」を開催し、建設目標や段取りを確認すること。
⑤大臣特命室より担当官を現地に派遣し、進捗状況の把握、建設促進にあたること。

三月二十九日、緊急対策プロジェクトチーム全体会議に「緊急提言案」を提出した。会議ではさらに被災地を思う熱心な意見が交わされた。それらの意見も吟味して加え、「東日本巨大地震・津波災害及び原発事故対策に関する第一次緊急提言」が完成した。政府の支援体制の確立、被災自治体への応援態勢の構築、避難所対策、被災者対策、産業復興対策など約二〇〇項目となった。

前述したように、今回の第一次緊急提言の「たたき台」になったのが、阪神・淡路大震災時の施策集「復興への道標」だ。これに因んで、今次の緊急提言にもタイトルとして「復興への道標」を冠することにした。

ガソリン税トリガー条項廃止の提案を請け負う

話は前後するが、第一次緊急提言の提出も間近に迫った時に、ある政府筋が私の事務所にやってきた。ガソリン税についての相談だ。

「ガソリン税のトリガー条項を廃止したいのですが、民主党政権からは言い出しにくいので、自民党からの提言に入れてもらえませんか」

トリガー条項とは、鳩山政権下の平成二十二年度の税制改正で導入された制度だ。すなわち、ガソリン価格が三カ月続けて一六〇円／リットルを超えた時点で約二五円の暫定税率分の課税をやめ、ガソリン価格がその分、引き下がることになるというものだ。

この頃、中東・北アフリカ情勢の影響等で石油価格は上昇し、三月二十二日時点でガソリン価格全国平均は一五一・二円／リットル、石油業界ではトリガー条項発動による流通の混乱を懸念する声があがっていた。

「ガソリン価格が急に下がれば、市場での需給混乱が生じることは確実だ。引き金が引かれないことに越したことはない」

震災の影響で被災地域を中心にガソリン等の需給がひっ迫しており、ある日突然、ガソリン価格が二五円下がることになれば、更なる需要の増加により流通体制が混乱し、被災地の混乱に拍車をかける恐れがあった。

加えて、被災地の復興に膨大な財政需要の発生が予想されるなかで、「トリガー条項」が発動されれば、四六〇〇億円~数兆円もの財源が失われてしまうことになる。

「自民党の提案にトリガー条項廃止を入れてもらえれば、これを受けて政府で対応します」

事態は深刻だ。しかし､緊急提言の内容についての党内手続きは既に進んでいた。私は、窮余の一策として自民党税制調査会の野田毅会長をはじめ、党幹部に相談し、了解を得て、緊急提言に入れ込むことにした。

かくして、緊急提言から程なく、政府において「トリガー条項の凍結」が発表された。

自民党からの提言をうけて当初は、トリガー条項の「廃止」が検討されたが、鳩山政権下で導入した経緯から民主党内から反対論が出て「凍結」となったようだ。

緊急提言で首相官邸へ

三月三十日、自民党政策会議で第一次提言案を説明して了承を得た。さらに、谷垣総裁、大島理森副総裁、石原伸晃幹事長、小池百合子総務会長、中曽根弘文参議院議員会長など党役員に説明して回った。その際に住宅支援等について役員間で意見の相違があったが、最終的には谷垣総裁が調整し、それぞれから了承を得た後、石破政調会長と共に記者会見。提言案の趣旨を説明した。

午後四時過ぎ、いよいよ政府へ提言だ。谷垣総裁、石破政調会長と共に首相官邸へ向かった。首相官邸では、菅総理、玄葉光一郎国家戦略担当大臣（民主党政調会長）、福山哲郎官房副長官らが対応した。谷垣総裁が菅総理の労をねぎらい、石破政調会長が提言の主な項目について説明し、私から補足説明した。

「実践的で中身のある数々の提案をいただき、感謝します。さっそく震災対策に活かしていきます」

菅総理が答えると、玄葉大臣も応じた。

「ご提言と同じような形でやっていきたいと思います」

事実上の「丸呑み」だ。さらに政府側からは意外な言葉が続いた。

「与野党の区別なく提案は活かしていきます。緊急提言はさっそく対策本部におろして、その実行状況を必ず自民党にフィードバックします」

「これからもさらに緊密に連絡を取り合ってやっていきたい」

夕方、自民党の震災対応各チーム連絡会議で報告し、石破政調会長と共に重ねての記者会見に臨んだ。

実に慌ただしい一日だった。この日になってからも議員各位から熱心な意見が寄せられ、役員の意見も加味しつつ、修正に修正を重ねた。おまけに首相官邸に行く直前に党本部のコピー機がダウンして焦ったが、他の部屋のコピー機を借りて間一髪、間に合った。コピー機も毎日毎晩、酷使されて、ついに参ってしまったとみえる。

提言集「復興への道標」については巻末に掲載したので、ご参照いただきたい。

三、第二次緊急提言

被災地の声を求めて

さて、被災地からは日々、新たなニーズがあがってくる。これに応えるためには第二次、第三次の提言が必要だ。そこで、直接、被災者の声を聞くために被災地への視察を企図し、林芳正政調会長代理と共に宮城県へ赴いた。四月五日のことだ。突然の計画だったが、宮城県選出で自民党プロジェクトチーム幹事を務める秋葉賢也衆議院議員が懇切に案内してくれた。

午前十時三十分、仙台市役所で奥山恵美子仙台市長と会談。

「ゴミ処理問題、介護要員の不足が深刻です。義援金の配分が遅れています。行方不明者の『みなし死亡』の認定も急ぐ課題です・・・」

奥山市長は、予定時間を大きくオーバーして矢継ぎ早に現下の課題を語った。

午前十一時四十分、仙台市六郷市民センターの避難所を訪問。

何もなくなった集落

「洗濯機と物干し場が欲しい。早く仮設住宅へ移りたい」

窮屈な環境における切実な声を多く聞いた。

午後十二時十分、海岸部へと向かった。市街地を離れ、海岸部が近づくにつれて景色は一変した。住宅街も水田も壊滅し、市街地と海の間にはがれき以外に何もない状態だ。テレビで見た光景が延々と続いた。わずかに用水路跡が、そこが水田であったことを物語っていた。

午後一時十五分、岡田小学校にある避難所へ。避難所長が元気に采配を振るっていた。民間ボランティアが入浴施設を提供し、ずいぶん助かっていると。ここでも仮設住宅の早期提供を強く求められた。

潰滅した水田地帯

午後四時五分、蒲生地区住宅街へ。津波が川を上がり、住宅街を襲い、大きな被害に遭った。やっと車が通れるようになり、住宅街を進むものの、道の両側はがれきの山だ。逆さになったトラックの上に乗用車が乗り上げている光景もあった。

午後二時十五分、港湾のコンテナ置き場へ。かなり片付けられているものの、押しつぶされたコンテナが衝撃の大きさを物語っていた。

午後三時、宮城県庁で村井嘉浩宮城県知事と会談。

「仮設住宅の建設についての全体の調整を国が計って欲しい。被災者支援に柔軟に使える交付金をつくって欲しい・・・」

村井知事からも幾多の課題について要望が

寄せられた。実は、この日、それぞれの場所で寄せられた要望のほとんどが、先日の第一次緊急提言において取るべき対策案として提示した中に含まれていた。

四月五日のブログから

「改めて被害の深刻さを認識し、ご遺族、被災者の皆様の思いに胸を痛めた一日でした。市長さん、避難所の皆様、現場の皆様、県知事さんからいただいた要望のほとんどが、私たちが先週、菅総理に提出した第一次緊急提言に対策案として入っていますが、さらにその実施を政府に求めて参ります」

この後、被災地へは折りに触れて訪れることになった。

枝野官房長官らが自民党本部に

四月六日、自民党緊急対策プロジェクトチーム全体会議を開催。林政調会長代理が挨拶し、私からは、首相官邸における第一次緊急提言の経緯と前日の視察の模様等について説明した後、今後の方針について説明した。

自民党本部で枝野官房長官らと

「被災地からは日々、切実なニーズがあがってきます。第一次緊急提言の実行を政府に求めると共に、引き続き被災地の声に応えていかなければなりません。このため、四月半ばを目途に第二次緊急提言を行います」

この日の会議でも多くの議員から今まで気づかなかった意見や提案をもらった。さらに各部会からも新たな提案があがってくる予定だ。谷垣総裁にプロジェクトチームの取り組み状況を報告すると、「政府に徹底して協力するように」と発破をかけられた。この頃、「自民党は批判ばかりで協力的ではない」とのマスコミの論調が悔《くや》しかった。

四月七日、予期せぬ出来事があった。枝野幸男官房長官、玄葉大臣、平野達男内閣府副大臣（後に震災担当大臣）、福山哲郎官房副長官らが自民党本部を訪れたのだ。自民党からの第一次緊急提言を受けて、その実行状況を報告するためだ。

確かに首相官邸での提言時に「緊急提言の実行状況を必ずフィードバックする」と言われたが、このような形で行われるとは意外だった。おそらく官房長官が野党の本部を訪れることと自体が例がないのではなかろうか。

自民党本部は時ならぬ来客にマスコミが集まり、騒然となった。当方は、石破政調会長、林政調会長代理、片山さつきプロジェクトチーム次長と小生とで迎えた。先方からの回答書には、提言書の各項目に沿って取り組み状況が記されていた。政府が自民党の提言を真剣に受け止め、丁寧に応えようとする姿勢を感じた。

ただ、回答書全体として「検討中」の記述が目立ち、私たちの真意が伝わっていない部分もあった。私からは、特に取り組みが遅れていると思われる「思いやり基金」、「仮設住宅」、「避難所対策」等について念押しをした。さらに中身を精査して、第二次提言でフォローしていく必要性も感じた。

第二次緊急提言を首相官邸へ

四月十三日は第二次緊急提言に向けて大詰めの日となった。簡単に一日の流れを記そう。八時　党内閣部会、九時十分　国会対策正副委員長会議、九時三十分　第二次緊急提言の記述訂正作業、十時四十五分　野田税調会長に税制特例措置について報告して打ち合わせ、十一時十五分　林政調会長代理と提言内容の打ち合わせ、十一時三十分　さらに提言内容の記述訂正作業、十二時十五分　衆議院農林水産委員会での質疑要旨を検討、十三時四十五分　石破政調会長と提言内容の打ち合わせ、十四時　緊急対策プロジェクトチーム全体会議、十五時二十分　緊急対策案とりまとめ状況について記者会見、十六時　衆議院農林水産委員会で被災地の農業復興について質疑、十六時四十分　税制改正事項について財務省主税局と打ち合わせ、十八時　事務局と第二次緊急提言案について最終訂正作業、二十二時四十八分　第二次緊急提言が完成。

今回も自民党の各部会が精力的に被災地のニーズを集め、全体会議では各議員から熱心に意見を出してもらった。第一次緊急提言に掲げた政府の支援体制の確立、被災自治体の応援体制の構築、避難所対策、被災者支援、産業の復興などの各分野ごとに追加の対策を入れ込んだ。二日がかりで整理した結果、思ったより多くの対策が必要となり、第一次提言に二三九項目を追加して、第一次提言と第二次提言を合わせると四三九項目となった。

四月十四日、自民党の政策会議、税制調査会、総務会と党内手続きを進めた。総務会で私が提言内容を説明した時にベテラン議員が語った言葉が印象的だった。

「政府の復興委員会のような形式的な会議をいくつもつくるのではなく、こういう具体的な対応をすることが大事なんだ」

「通常であれば半年はかかる作業を一カ月弱で成したことは画期的だ」

この頃、民主党政権から復興実施本部への自民党の参加について打診があったが、谷垣総裁は断った。自民党を取り込んでの「政権延命策」の匂いがあったし、いたずらに民主党と癒着することなく、外から政権の対応をチェックしつつ、対策立案と実施において協力するほうが得策だとの判断があったからだ。

このため、四月十五日の第二次緊急提言の際には、谷垣総裁は表に出るのは遠慮し、首相官邸へは石破政調会長、片山次長と私の三人で赴いた。

首相官邸では、玄葉大臣、福山官房副長官、平野副大臣らが迎えた。今回も彼らは諸手を挙げて受け止めた。

「極めて実践的」

「引き続き対策に活かしていきます」

これに対して石破政調会長から注文をつけた後、私からも強調した。

「この提言は、決して野党のパフォーマンスではないし、高いハードルを設けたものでもありません。被災地の立場で真摯に議論し、当然実行すべき対策を提案するものです」

「単に各省庁に『検討しろ』というだけでなく、『やれ』と指示することが大事です。それが政治主導です」

政府側も頷きつつ応えた。

「まったくその通りです」

このようなやり取りとは裏腹に、翌日の新聞報道は実に残念なものだった。第二次緊急提言についての記事がまったく見当たらない。代わって「自民党が復興実施本部に不参加」との記事が大見出しで書かれていた。コンビニエンスストアに入ったら、店員さんが「自民党はなぜ協力しないんですか」と。

被災地に対策を届けたい一心で党を挙げて議論し、被災地の声を聞き、練り上げた提言が国民に知られないまま民主党政権にパクられ、「震災対策に非協力的な自民党」とのレ

震災チャリティーディスカッション

ッテルだけが残るとすれば、仲間の議員に申し訳ない思いだ。

もちろん、野党としては、民主党政権にパクってもらわないと実行されない訳で、パクられることは、もとより想定し、むしろ期待していることだが、「非協力的な自民党」との批判はいただけない。隔靴掻痒の感だった。

第二次緊急提言に回答

四月二十一日、民主党の前原誠司前外務大臣とパネルディスカッション。民間団体の主催で「震災復興と日本再生」をテーマに震災チャリティーとして開催されたものだ。ディスカッションでは、震災にあたる組織体制の在り方、仮設住宅の建設、復興のグランドデザイン、エネルギー政策など議論は多岐に及んだ。

前原前大臣に対して私では貫禄不足だが、前原氏には私の地元の川内川の治水事業で随分とお世話になった。認識を共有するところが多く、会場からも多くの質問が寄せられ、大いに盛り上がった。

四月二十八日、自民党の第二次緊急提言に対する回答を玄葉大臣らが自民党本部に持ってきた。自民党側は石破政調会長、林政調会長代理、片山ＰＴ次長、小生とで受けた。一見したところ、さすがに今度は進捗した様子が伺われた。

「緊急提言に対して何割ぐらい対応できていますか」

私が尋ねると、彼らも自信ありげに答えた。

「かなりいってますよ」

四、間違った政治主導

特別立法で露呈した政府の本気度

四月二十六日、衆議院予算委員会が震災後、初めて開催された。補正予算審議のために最低限の四日間だけの開催だ。

大震災時には政府に質《ただ》したいことや政府の尻を叩きたいことがいっぱいある。政府にとっても国会議論は震災対策のヒントを得る重要な機会だ。阪神・淡路大震災の際は、野党からの「国会休戦」の申し出を断ってまで予算委員会や特別委員会を毎日のように開催していたことを考えると、「国会拒否」、「取材拒否」という政府の対応は、どこまでも総理の顔が見えない震災対応だ。

四月三十日、私は衆議院予算委員会で総括質疑に立った。まず内閣官房参与の小佐古敏荘氏が抗議の辞任をしたことや、自民党からの緊急提言の受け止め状況について確認した後に、特別立法について質問したが、ここで菅総理の答弁に愕然《がくぜん》となる場面があった。

予算委員会で質問に立つ

背景から説明しよう。今回のような想定を超える大災害の場合は、現行の制度では対応できない課題が続出するため、「特別措置」が必要となる。特別措置の連続と言っても良いだろう。中でも「特別立法」により対応すべき案件が多々出てくる。法律がなければ作ってでもやる。そこに「被災地の窮状をなんとか救おう」という政府の震災対策における本気度が現れる。

阪神・淡路大震災時には最終的に十六本の特別立法措置が迅速に図られた。今回の自民党からの緊急提言のなかでも就学支援、農業支援、二重債務問題など二十九本の特別立法を骨子案までつけて提言していたが、この時点で実際の特別立法は五本しか成立していなかった。この特別立法の観点からしても政府の姿勢が心許《こころもと》なく、対応が遅れていると感じ、この点を質そうとしたのだ。

「総理、お伺いします。今日は、震災発生から五十一日目であります。被災地支援のための特別立法は、今日の時点で何本成立しておりましょうか」

私の問いかけに菅総理は直ぐには答えられず、後ろを振り返り、しばらくして事務方から差し出されたメモをもとに力なく答えた。

「選挙期日等の特例法、この法律一本だと思います」

驚き、困惑した。直ぐには答えられなくても、事務方のメモを見て正確な数字を答えるだろうと思い、次の質問もその前提に立って考えていたからだ。質問シナリオを変えざるを得なかった。

「何という認識でありましょうか。本部長として政府の最高指揮官として当然、関心を持っていないといけない。そして主導すべきあなたの立場であります。正確に申し上げます。一昨日成立をしました災害復旧関係の二本を含めまして、五本成立をしております。これでもまだまだであります」

前例のない困難な課題を克服するための特別立法が遅れているだけでなく、関心すら持っていないということが図らずも露呈したのだ。しかも事務方も間違えたように、総理を支えるべき事務方の体制も意欲も如何《いか》に乏しいものであるかが浮き彫りになったのだ。私は複雑な気持ちになりつつ発破をかけた。

「自民党の緊急提言では二十九本の特別立法を提言しております。相当ピッチを上げていかないといけないということを総理、しっかりと認識をして頂きたい」

思えば、民主党政権は政権発足当初、選挙対策や陳情の窓口を幹事長室に一本化し、「政策は政府で決めるから、議員は選挙対策に励め」とばかりに党の政調機能を廃止し、かつ、官僚を遠ざけた。政策立案における党の訓練ができておらず、官僚の士気も萎えているところに大震災が襲った。間違った「政治主導」が、震災対応の拙劣さにつながったと言えるのではなかろうか。

司令塔の不在―置かれなかった震災特命大臣

この質疑では避難民の受け入れについても質した。というのも「避難民を受け入れたいけれども国から何の指示もない」という疑問がいくつもの県や自治体から寄せられていたからだ。厚生労働省に聞いてみたら「厚労省では実施していない。ひょっとしたら総理官邸の危機管理センターがやっているかもしれない」と。危機管理センターに聞くと「厚労省に聞いてくれ」と言う。政府の災害対応体制が整わず、正に「たらい回し」の状態であり、被災地からニーズが上がっても、いつまでたっても答えはおりてこなかったのだ。

さらに、「避難所での食事、医療、入浴の支援」、「自治体間の応援体制のあり方」、「義援金や支援金の支給の遅れ」、「仮設住宅建設のあり方」等を質した。それぞれが自民党からの第一次緊急提言の中に含まれており、本来は、自民党からの提言がなくてもとっくの昔に措置されていないといけない課題ばかりだった。

対応がことごとく遅れた根本的な要因の一つに政府の「司令塔不在」があると考えた。「要するに各省庁がバラバラに動いています。官僚はある程度はやるでしょうが、則《のり》を超えた対応はできません。そこは政治決断でやらないといけない。特に震災対策というものは特例措置の連続です。そこをしっかりと政治決断を持って進める司令塔が必要なんです。どうして特命大臣、専任大臣をつくらないんですか」

阪神・淡路大震災では、国土庁長官に北海道・沖縄開発庁長官を併任させ、空いた大臣枠を使って震災対策に専任する特命大臣を発災四日目に任命し、その下に各関係省庁から派遣された若手官僚による大臣特命室を置いた。

大臣は、日中は国会に釘付けになるために夜、対策づくりにあたった。その日その日、上がってきた被災地からのニーズを特命室員と協議して、一つひとつに大臣が方針を示し、それを特命室員が各省庁に持ち帰り、翌日の夜の対策会議に具体策を上げてきた。それを大臣が裁可して進めていくといった具合で、被災地からのニーズに対して二十四時間以内に答えを出していったのだ。

東日本大震災では、発災百八日目に震災担当大臣として松本龍衆議院議員が任命されたが、環境大臣との兼任であり、震災対策に専任する特命大臣が置かれたのは震災発生から実に三百三十六日後、平成二十四年二月十日のことであった。

司令塔不在など対応の甘さが目に余ったものの、補正予算の成立は急を要していた。総括質疑を終えて予算委員会は第一次補正予算に対する討論に入り、私は自民党を代表して賛成討論を行った。野党の立場で予算案に賛成するのはかなり珍しいことだ。ひょっとすれば阪神・淡路大震災以来の事かもしれない。予算案の中身には疑義があるが、被災地の窮状を考えると、予算の成立を急ぎ、対策実施を急がないといけないことから自民党も賛成することになったのだ。

対策にスピード感を

五月六日、自民党緊急対策プロジェクトチームとして岩手の被災地を訪ねた。今回の参加メンバーは、逢沢一郎国会対策委員長、片山さつき緊急対策プロジェクトチーム次長、山田俊男緊急対策プロジェクトチーム幹事らだ。自衛隊、消防、警察等の支援基地や避難所、仮設住宅建設現場などを視察し、さらに現地の関係者と意見交換会を行い、被災地のニーズを把握することが目的だ。

まず訪れた遠野市では、本田敏秋市長及び県庁職員より説明を受けた。遠野市は沿岸被災地域とりわけ陸前高田市、大船渡市、釜石市、宮古市、大槌町、山田町への後方支援活動の拠点となっている自治体だ。自衛隊、消防隊等が遠野運動公園などに集結し、沿岸地域の被災状況、ニーズ等を把握した上で、迅速な支援活動の統制が行われていた。

各種の支援物資も遠野市に一時的に集積させ、各避難所のニーズに合わせて搬送され、全国から集まったボランティアや現地住民が懸命な支援活動を行っていた。

本田市長は、応急仮設住宅の建設候補地として市内数カ所を県に提示するなど、今後の復旧・復興に備えた救援事業にも全面的に協力する態勢を築いていることを説明しつつ、対策のスピードアップを訴えた。

「自民党ＰＴのがれき処理・仮設住宅に関する提言に全く同感です。政権にはもっとスピード感が必要です。釜石では仮設住宅の場所が不便で希望者がいない例が出ました」

放置された防波堤

釜石市鵜住居町はほぼ全滅、家の基礎ごと流され、小学校も三階まで津波に襲われ、校舎に車が突き刺さっていた。

大槌町も壊滅状態。七四九名の死者、九一二名の行方不明者が出ており、町長も被災死し、職員一三六名中三三名が死亡し、現在は応援と新規採用で一三四名で職務にあたっていた。母上を亡くされた岩崎友一県議が懇切に案内してくれた。役場も破壊され、仮設の役場で、亡くなった町長さんの代わりに副町長から幾つもの要望を受けた。

「土地的制約から仮設住宅は中心部から五キロ程度離れた高台に建設される見通しだが、漁業関係者などは出来る限り沿岸部付近に住みたいとの希望がある」

「防波堤は損壊したままであり、地盤沈下も深刻で、早急な復旧をしてもらいたい」

大槌町役場で

「家屋全壊の場合は家電等の生活用品は支給されるが、家屋が半壊で残存していると、家電等の生活用品はすべてを失ったにもかかわらず自己で備えなければならないという現状は不合理であり、改善してもらいたい」

他の自治体から応援は来ているものの、避難所対策やがれき処理、罹災証明証の発行をはじめ、被災業務に追われ、寝る間もなく大変な様子だった。

中央公民館の避難所では、抑圧された不便な環境での生活が続き、とにかく早く仮設住宅に移りたいとの声を多く聞いた。当初は、内陸部の農家から炊き出しの提供を受け、温かい食事を供されていたが、農繁期に入ってからは、それがなくなり、遠く盛岡市から弁当を運んで来ているという。

早く国の方針を示してほしい

山田町も津波で町の半分の三〇〇〇戸が被災し、死者五八二名、行方不明者三七八名と被害は大きかった。町の中心部そのものが津波で流され、電力、水道等のインフラが復旧していない地域が多い。行政機能は応援職員等により回復し、安心安全な新たな町づくりに取り掛かっていた。当時落選中だった鈴木俊一代議士が案内してくれた。沼崎喜一町長は仮設住宅や新たな町づくりについて訴えた。

「高台に安心安全な街を造るほかないが、今後、復旧が進んでくると、元あった土地に住居等を建設する動きも考えられる。国が早く復興方針を示す必要がある。その場合、住民が十分納得した上で建築制限等をかけることが必要だ」

「仮設住宅の用地取得に関する問題もある。提供された民有地を国が買い取ってほしいとの住民の希望が強い。地盤沈下した土地に関しても同様に国による買い取りを求める声が強い」

津波の爪痕

高台への集団移転が望ましいものの、財源と住民の理解が課題であり、新たなまちづくりに国がどこまで支援するのか方針を早く示して欲しいとの思いだ。国の方針が決まらないと、住民への説明ができないし、復興計画そのものが策定できない。

被災地の意向をくみ取りながら、国としての支援措置をメニュー形式で早期に打ち出す必要性を強く感じた。

夕方着いた宮古市は港町だ。地元の平沼健県議が案内してくれた。ここでも一〇〇〇人近くの死者、行方不明者が。岩手県合板事業協同組合宮古工場は従業員約一〇〇名を抱える宮古市有数の工場だが、全壊し、稼働を停止していた。大きな木材加工施設であり、平素は、岩手、青森、秋田の間伐材を引き受けていたため、被災地のみならず広域的に山の作業が止まってしまった。このままでは輸入合板材にマーケットを取られてしまうことが懸念される。復旧を急がなくてはならない。平沼県議も訴えた。

「第一次補正予算で手当てがなされたが、極めて限られた予算であるため、それだけでは全く復旧には至らない。さらなる予算の手当てを是非お願いしたい」

盛岡市で意見交換会

五月七日、盛岡市で各種団体との意見交換会を開催した。医療、漁業、農業、商工、建設関係、そして自民党県議の皆さんに出席いただいた。こちらは、昨日からのメンバーに谷公一衆議院議員、鈴木俊一前議員、玉澤徳一郎元議員にも加わって頂いた。

それぞれの立場から多くの意見をいただいたが、まず驚いたことに、被災した県立病院の復旧予算が今回の補正予算に組み込まれていないということだ。今回の補正予算では、補修や修繕で済む部分に限って手当てし、全壊した病院は外されているとのこと。政府の方針では第二次補正予算は先送りになりそうな気配であり、復旧事業は一体どうなるのか

盛岡市での意見交換会

懸念される。

また、意見交換会を通じて、新たな町づくりにしても農業の再生にしても、地域ごとに個性があり文化があることから、地域の実情に合わせた支援策のメニューが必要であることを痛感した。

今回の視察を終えてレポートを作成した。以下その主要部分を紹介する。

①避難所は、食事をはじめ、依然として劣悪な環境に置かれ、仮設住宅への転居希望は強い。

②仮設住宅、がれき処理、病院施設を始めとする復旧への取り組みも遅れており、ガソリンの優先供給などの措置も現場に届いていない。

③被災自治体への行政応援要員の派遣も当初から指摘してきたが、依然として被災自治体は要員不足に悩む。

④新たなまちづくりや産業復興についての考え方は地域によってさまざまな個性があり、方向性が多様である。それぞれの地域性に対応できる支援メニューを国が早急に提示する必要がある。

⑤二重債務の問題を始め、各分野にまたがる深刻な課題にも迅速な対応が求められる。

被災地の市長、町長を招いて

今回、なぜ政府は安全保障会議を開催して非常事態宣言をしなかったのか、大きな疑問だ。非常事態宣言がなされると、例えば以下のようなことができる。

①自衛隊による瓦礫の中からの人命救助活動にとって妨げとなる放置された自動車を移動させる。

②マスコミなどの民間ヘリが捜索活動等の妨げとなる場合は排除する。

③必要に応じて住民を強制的に避難させる。

非常事態宣言により個人の権利はいったん制約を受けるが、人命の前には止むを得ないことだ。非常事態宣言により、人命救助活動等の支援活動がさらにスムーズに行われた可能性が高く、なぜこれをやらなかったのか、なぜ安全保障会議すら開かなかったのか検証する必要がある。

五月中旬、第三次提言案づくりの作業も大詰めを迎えた。既に連休明けから党の各部会が活発に動き、意見をまとめ、提言案を出してもらった。今回は、二重債務問題や病院の再建など、被災地の生活や産業の復興が大きな課題だ。

五月十九日、緊急対策プロジェクトチームの会議に、岩手、宮城、福島の被災地の市長さん、町長さん方七名を招き、要望を聴取した。総じて、第一次補正予算では震災対策としては全く足りず、第二次補正予算を早く成立させてほしいという要望が強かった。同時に､自分たちの町の再生プランは自分たちの手で作るんだという気迫を強く感じた。やはり、国が時間をかけてプランを作って押し付けるのではなく、できる支援をメニュー化して早く提示して行くことが大事だということを確信した。

一方、今国会は六月二十二日が会期末だが、被災地復旧のための第二次補正予算や震災関連法案の審議などを考えると会期延長は避けられない。ところが菅総理は、会期通りに早々と国会を閉じて、第二次補正予算案審議は秋口に先送りするとの構えだ。党首討論も二月にやったきり応じようとしない。そこには野党からの追及の機会を与えず、逃げ切りたいとの政権延命策の匂いがプンプンとしていた。

五、第三次提言へ

復興特別委員会で第二次補正予算の早期成立を訴える

五月二十三日、衆議院復興対策特別委員会の初審議が開催され、私は質問に立った。菅総理以下出席し、NHKで全国に生放送されるとのことで、私は気合いを入れて臨んだ。一つには遅れる復旧事業を何とか推進したいという思い。もう一つは、自民党の災害対策への取り組みについて国民の中の誤解を晴らしたいという思いだ。

私は、野党時代を通じて、衆議院予算委員会や東日本大震災対策特別委員会で全国に放送される質問、いわゆる「テレビ入りの国会質問」に七回立った。テレビ入りの国会質問の最大の利点は、国民に直接、訴えることができることだ。発信力の弱い野党にとっては貴重な機会だ。鳩山総理、菅総理、野田総理らを相手に「労組と政治」、「大震災対策」、「TPP交渉問題」などをテーマに、国会対策副委員長や予算委員としての役割を踏まえて、私は、柄にもなく政府を追及し、自民党の考えを訴えたものだ。

大震災対策で自民党は、持てるノウハウのすべてを提供して政権に協力し、むしろ震災対策に主体的にあたってきたが、国民の受け止め方は違った。菅総理からの連立の提案を自民党が断ったことに始まり、マスコミは、政局がらみの報道に走り、本来の自民党の活動はほとんど報道されず、結果として「震災対策に協力しない自民党」との印象が広がっていた。この時の質問では、テレビ画面を通じて直接、国民に訴え、誤解を晴らしたいとの思いもあった。

さて、第一次補正予算の段階では、三陸鉄道などの三セク鉄道やJRの復旧事業に予算がついていない。海岸堤防も岩手、宮城、福島三県の総延長三〇〇kmのうち一九〇kmが全壊ないし半壊したが、まだほとんど予算がついていない。

三県の国道、県道一六四カ所が通行止めのままであり、市町村道などは被害状況すら把握できていない。漁港は被害額六四四〇億円に対して一次補正では二五〇億円しか予算がついていない。学校施設も軽微な復旧以外は予算化されていない。

病院は県立病院など全壊した病院にまだ予算がついていない。住宅再建支援金は一戸あたり最大三〇〇万円つくはずであるが、これもまだ一〇〇万円分しか手当てできていない。

例を挙げつつ、私は第二次補正予算の早期の策定と成立の必要性を総理に訴えた。

「要するに総理、以上申し上げてまいりましたように第二次補正予算を待たないと本格的な復旧は始まりませんし、生活の再建、産業の再建もままならないということになります」

確かに、今次の災害では、復旧に止まらず、被災の原因を解明し、これを克服したまちづくりを目指さなければならない。まちづくり計画の策定を待たないと事業が進まない側面はある。しかし、まちづくり計画の前提となる国の支援策が見えて来ないのだ。

ましてや、三セク鉄道などは、まちづくりとは関係なく早期の復旧を目指している。実際に政府の支援策を待たずに、自主的に借金をして復旧を進めていったのだ。

海岸堤防についても、「もっと早く準備を進めていれば、早めに復旧事業ができた」との声が国交省の職員から伝わってきた。

菅総理は、第二次補正予算の必要性は認めつつも、その時期については曖昧な答弁を繰り返した。さらに私は、被災地の声をもとに「まちづくり」における課題について訴えた。

「先般、山田町の町長が、安心安全な町を作りたいが、財源がどうなるか分からないため ビジョンも作れない。したがって地域の住民の意見も聞けないと切々と訴えておられました。ある市長さんは、早くビジョンを示さないと人も工場も出ていってしまうと大変心配をしておられました」

菅総理は弁解に終始したが、阪神・淡路大震災における復興基本法の成立、復興対策本部の立ち上げ、復興委員会からの復興方針の提言等々と比べても今次震災における対応の遅れは明白だ。私はさらに訴えた。

「希望の持てるビジョンがあれば、目の前で災害復旧事業が始まっていけば、みんな頑張っていけるんです。早くしないと本当に工場も人も出ていってしまいます。復興計画に時間をかけて綺麗な街ができた、しかし人がいなくなってしまったということでは元も子もありません。復興計画の早期策定、第二次補正予算の早期成立が必要です」

被災地の要員不足を解消しろ

東日本大震災では、被災により自治体の行政機能が大きく失われ、そこに膨大な被災業務が加わり、業務量が何倍にもなった。自民党の緊急提言では、全国の自治体でチームをつくって交代で応援の職員を派遣するシステムや災害対策臨時職員雇用制度の創設を提言してきた。また、東北は高齢化率が高く、高齢者の在宅率も高い中で多くの人たちが家を失った。そのため介護要員も絶対的に不足していた。

政府は対応をしているというが、被災地では絶対的な要員不足に陥っていた。義援金の被災者への支給が遅れている最大の原因も被災自治体で罹災証明証の発行にあたる職員が全く足りないことにあった。全国の自治体や介護施設が応援要員を派遣するべく準備をしていたが、政府からの具体的な要請は届いていなかった。

「要員がまだ足りないのは被災自治体が応援の要請を遠慮しているのではないかということです」

悠長な政府答弁に対して私は畳み掛けた。

「要請を待っていてはダメなんです。東北の人たちは遠慮深いかもしれない。我慢強いかも知れないが、判断を間違ってはいけない。国の方から手を差し伸べる、国の方から実態を把握しに行く、積極的に対応していく姿勢が必要だ。積極的な総合調整機能というものが必要なんです」

衆議院復興対策特別委員会で

「役場の職員、介護職員、医療要員をはじめ、足りないところをしっかりと補っていくために国がもっと前に出て主導的に調整機能というものを果たしていくべきだと思うが、総理いかがですか」

これには菅総理も素直に答えた。

「おっしゃる事は、全くその通りだと思います。いろいろ工夫はしているようでありますが、結果としてまだまだ人が必要なのに、また、送ってもいいという自治体もあるのに、それがマッチングできていないというご指摘はあると思います。これからどのようにしてそれを掘り起こすか、しっかりさらなる努力を指示します」

第三次提言

五月二十四日、緊急対策プロジェクトチーム全体会議を開催、第三次提言案を提示し、審議した。会議で各議員から熱心に新たに出された提案を含めて取りまとめた。

五月二十七日、第三次提言案を自民党の政策会議、シャドーキャビネット、総務会で説明し、了承を得た後、石破政調会長、片山さつき次長とともに総理官邸へ。政府側は今回も真摯に受け止めた。

「方向性は一致しています。全部やりたいが財源が問題です」

今後とも震災対策の推進については連絡を取り合っていくことを確認した。

第三次提言では、まず巻頭において「第二次補正なくして本格復旧も被災地再生もない」として、早急な第二次補正予算の編成を強く求めた。

続いて、復旧から復興へつなぐ基金として、被災者および被災事業者の生活再建を支援する「きずな基金」を創設し、様々な被災状況に対応するため、基金の使途は被災県が自由に定めることを提案した。

改めて要請する特記事項としては、がれき処理対策と仮設住宅の建設および供給の推進について具体策を提案した。

さらに、自民党が具体的に準備を進める議員立法として、「二重債務問題救済法案」、「原子力損害賠償の国の仮払いに関する法律案」、「災害救助法の一部を改正する法律案」、「原発事故調査委員会法案」、「東日本大震災に対処するための私立学校建物等の災害復旧事業に係る特別の助成措置等に関する法律案」、「公立高等学校に係る授業料の不徴収および高等学校等就学支援金の支給に関する法律を廃止する法律案」、「津波対策推進に関する法律案」を提言した。

第三次の具体的な提案としては、自治体等の応援体制の充実、被災者への支援、税制特例措置、産業等の復旧・復興支援、産業のインフラ整備等への支援、農業・農村支援、林業・山村支援、水産業・漁村支援等について一三八項目、第一次緊急提言、第二次緊急提言と合わせると五七七項目となった。

マスコミと意見交換

六月一日、内閣不信任決議案が提出された。党首討論で谷垣総裁が第二次補正予算の早期成立を求めると、菅総理は「国会を延長して大型補正予算を組むから協力しろ」と。補正予算案は八月以降に提出しようとしていた人が、追い詰められた今になって、正に開き直るような「方針転換」だ。

内閣不信任決議案については、民主党内から小沢氏らが大量に賛成に回る動きが取りざたされたが、直前になって鳩山元総理の仲介で菅総理が辞意を表明したことで、民主党から決議案の賛同者が一斉に引いて、不信任決議案は否決された。しかし、辞職の時期については玉虫色であり、民主党内ではその後、さらに騒動が拡大して行くことになった。

六月八日、党本部にみえた山形県議会の皆様に講演した。テーマは「震災対策における自民党の取り組み」プロジェクトチームを立ち上げて党を挙げて議論し、計五七七項目の震災対策の提言を行ってきた経緯や菅政権下で対策が遅れている原因などを説明した。

「大震災で自民党がこんなにがんばってきたとは知らなかった」

皆さんが一様に驚き、「マスコミは真実を伝えていない。自分たちも県民に説明するから、全国的にも周知して欲しい」と。

実はその翌日、マスコミ各社との意見交換会を予定していた。震災発生以来、自民党は、党を挙げて議論し、持てるノウハウの全てを提供して政府に協力し、震災対策を推進してきた。政策的には事実上、連立しているようなものだった。ところが、このような事実はほとんど報道される事はなかった。逆に「政権を批判するばかりで協力しない自民党」というレッテルを貼られている始末だった。

そこで私が石破政調会長に相談し、マスコミ各社との意見交換会を呼びかけたものだ。六月九日、意見交換会は自民党本部にマスコミ各社の論説委員らを招き、開催された。自民党側は石破政調会長と私、そして片山さつき議員だ。

当方から政府の緊急提言など、これまでの経緯を説明したところ、出席者からは「菅政権の対応がなぜ遅れたのか」、「阪神・淡路大震災時との違いは何か」など熱心な質問があり、率直な意見交換ができた。

六、特別立法

がれき処理特別措置法を提案

がれき処理が進まなかった。がれき処理が進まないと復旧も復興も進まない。緊急対策プロジェクトチームでは早い時期から心配し、第一次緊急提言の段階から事態を想定し、具体策を提案してきた。第三次提言でも特記事項として提言したが、なかなか進まない。

そこで私は、がれき処理の方策や費用負担などを定めた「がれき処理特別措置法案」を提出し、政府を突き動かしていくことを考えた。多忙な石破政調会長に本会議場で立法方針を相談すると、「任せる」と。

さっそく私は、国土交通省出身の佐藤信秋参議院議員らによる法案作成チームを編成した。チームでは、がれき処理が進まない原因を徹底して検証しつつ、あるべき措置を検討し、自民党の各部会からの知恵や各議員の熱心な提案をもらいながら、議論を重ねるごとに充実し、実効性の高い法案となった。

まず現行法では、がれき処理は市町村が行うべきものと定められているが、多くの市町村は、復旧、復興のための様々な対応で手一杯であり、県へ事務委託しているのが現状であり、迅速かつ適切にがれきを処理する余裕はなかった。

そこで、国にがれき処理を責任を持って行わせるよう、がれき処理が「国の責務」であることを規定し、国が自治体に対して「主体的に」支援を行うことを明記した。また国ががれき処理の工程表を策定することも明記し、その一方で、国ががれき処理を進めるにあたっては、地元自治体の意向を最大限に尊重することも規定した。

さらに、被災した市町村長から要請があり、かつ、地域の実情を勘案して必要があると認められるときは、必ず国が廃棄物の処理を代行することとし、国が代行する場合の費用は全額、国が負担することとした。

現行法では、がれき処理の所掌は環境省だが、手足を持たない環境省では限界があるのではないか、国土交通省が所掌すべきではないかとの指摘もあったが、にわかに所掌を変えるとかえって現場の混乱をきたしかねない。

そこで、「国が」代行するとした。これは、特定の大臣や特定の省庁だけでなく、国が政府全体として責任を持ってがれきの処理を代行する旨を定めたものだ。

その上で、具体的な実施体制については、現段階では廃棄物処理に関する事務を所掌する環境大臣が所掌することとし、復興庁が設立されれば、復興庁の所管大臣ががれき処理も行うことを想定した。

さらに、復興庁が設置されるまでの間においても、環境省の取り組みに、道路のがれき処理や港湾の整備に実績のある国土交通省を関与させるなど、政府の責任においてがれき処理を迅速かつ適切に進める体制を整備するよう促した。

費用負担の問題も深刻だ。現在の制度では、がれき処理の費用は、まず市町村に対して国が九割弱を補助した上で、残額については自治体が災害対策債の起債（借金）により調達し、その元利償還金を後に一〇〇％地方交付税で処置するとしている。しかし、交付税措置はいわば口約束であり、一旦借金することを市町村は不安視している。また、一割弱でもがれき処理費の総額が膨大であるため、市町村にとっての負担は大きい。

そこで、市町村ががれき処理に安定的に取り組めるよう、がれき処理の費用の全部を国が補助することとした。

一般廃棄物の処理施設については、現行制度では施設の復旧に限り国が支援しているが、これでは新たな処理施設の建設費用は補助対象とならず、市町村は財政的に不安で取り組めない。

　そこで、市町村ががれき処理に安定的に取り組めるよう、がれき処理を行う新たな施設の整備等に要する費用についても、その全額を補助することとした。

　仮置き場や最終処分場が足りないため、東北だけでなく、全国各地でがれきを処分できるよう、国が広域的な協力要請やこれに伴う施設整備の費用を負担する旨も規定した。

　仮置き場への搬入・搬出に関し、渋滞等が発生し、近隣住民に支障が生じていることから、道路、港湾等の輸送手段の整備を講ずる旨も規定した。

　がれきの再生利用も国が構ずべき措置として規定した。

　また、がれき処理にあたっては、財産や遺留品に慎重な取り扱いを要するために処理費用がかさむ傾向があること、労働者の賃金が低額であるため、都市部の業者の受け入れが進んでいないという現状があること、費用の前払いが徹底されていないこと、設計変更への柔軟な対応がなされていないこと、契約内容が自治体によってまちまちであることなどに鑑みて、処理業者と自治体との契約内容について国が統一的な指針を定めるべきことを規定した。

　「海のがれき」の特性として、海の中で移動し、処理責任を負うべき主体が必ずしも明

衆議院本会議でがれき処理法案について答弁

確でなく、また現場に周知徹底されていないため、国が「処理を行うべき主体の明確化を含めた指針」を策定することを規定した。

放射性物質に汚染された廃棄物については、現在の法制度の下では想定されておらず、新たな法整備が必要だ。慎重に検討した上で、別法に委ねることとした。

「東日本大震災により生じた災害廃棄物の処理に関する特別措置法」は、議員立法であるから、私共が提出者となり、委員会や本会議での答弁も行った。公明党や与党の協力も得て、八月十二日、全会一致で成立した。

東日本大震災により生じた災害廃棄物の処理に関する特別措置法案要綱

第一　趣旨

この法律は、東日本大震災により生じた災害廃棄物の処理が喫緊の課題となっていることに鑑み、国が被害を受けた市町村に代わって災害廃棄物を処理するための特例を定め、あわせて、国が講ずべきその他の措置について定めるものとすること。

（第一条関係）

第二　定義

この法律において「災害廃棄物」とは、東日本大震災（平成二十三年三月十一日に発生した東北地方太平洋沖地震及びこれに伴う原子力発電所の事故による災害をいう。以下同じ。）により生じた廃棄物をいうこと。

（第二条関係）

第三　国の責務

国は、災害廃棄物の処理が迅速かつ適切に行われるよう、主体的に、市町村及び都道府県に対し必要な支援を行うとともに、災害廃棄物の処理に関する基本的な方針、災害廃棄物の処理の内容及び実施時期等を明らかにした工程表を定め、これに基づき必要な措置を計画的かつ広域的に講ずる責務を有すること。

（第三条関係）

第四　国による災害廃棄物の処理の代行

1、環境大臣は、東日本大震災に対処するための特別の財政援助及び助成に関する法律第二条第二項に規定する特定被災地方公共団体（以下「特定被災地方公共団体」という。）である市町村の長から要請があり、かつ、次の事項を勘案して必要があると認められるときは、当該市町村に代わって自ら当該市町村の災害廃棄物の収集、運搬及び処分（再生を含む。以下同じ。）を行うものとすること。

①　当該市町村における災害廃棄物の処理の実施体制

②　当該災害廃棄物の処理に関する専門的な知識及び技術の必要性

③　当該災害廃棄物の広域的な処理の重要性

2、環境大臣は、東日本大震災復興対策本部の総合調整の下、関係行政機関の長と連携協力して、1による災害廃棄物の収集、運搬又は処分を行うものとすること。

3、環境大臣は、1により災害廃棄物の収集、運搬又は処分を行う場合において、必要があると認めるときは、関係行政機関の長に協力を要請することができること。

4、1により災害廃棄物の収集、運搬又は処分を行った環境大臣については、廃棄物の処理及び清掃に関する法律第一九条の四項第一行の規定は、適用しないこと。

（第四条関係）

第五　費用の負担等

1、第四の1により環境大臣が行う災害廃棄物の収集、運搬及び処分に要する費用は、国の負担とする。この場合において、第四の1の市町村は、当該費用の額から、自ら当該災害廃棄物の収集、運搬及び処分を行うこととした場合に国が当該市町村に交付すべき補助金の額に相当する額を控除した額を負担すること。

2、国は、特定被災地方公共団体である市町村が災害廃棄物の収集、運搬及び処分を行うために要する費用で当該市町村の負担に属するもの（1の後段により負担する費用を含む。以下「被災市町村負担費用」という。）について、必要な財政上の措置を講ずるものとすること。

3、国は、2に定める措置のほか、災害廃棄物の処理が特定被災地方公共団体である市町村における持続可能な社会の構築や雇用の機会の創出に資することに鑑み、地域における持続可能な社会の構築や雇用の機会の創出に資する事業を実施するために造成された基金の活用による被災市町村負担費用の軽減その他災害廃棄物の処理の促進のために必要な措置を講ずるものとすること。

（第五条関係）

第六　災害廃棄物の処理に関して国が講ずべき措置

1、国は、災害廃棄物に係る一時的な保管場所及び最終処分場の早急な確保及び適切な利用等を図るため、特定被災地方公共団体である市町村以外の地方公共団体に対する広域的な協力の要請及びこれに係る費用の負担、国有地の貸与、私人が所有する土地の借入れ等の促進、災害廃棄物の搬入及び搬出のための道路、港湾その他の輸送手段の整備その他の必要な措置を講ずるものとすること。

2、国は、災害廃棄物の再生利用等を図るため、東日本大震災からの復興のための施設の整備等への災害廃棄物の活用その他の必要な措置を講ずるものとすること。

3、国は、災害廃棄物の処理に係る契約の内容に関する統一的な指針の策定その他の必要な措置を講ずるものとすること。

4、国は、災害廃棄物の処理に係る業務に従事する労働者等に関し、石綿による健康被害の防止その他の労働環境の整備のために必要な措置を講ずるものとすること。
5、国は、海に流出した災害廃棄物に関し、その処理について責任を負うべき主体が必ずしも明らかでないことに鑑み、指針を策定するとともに、早期に処理するよう必要な措置を講ずるものとすること。
6、津波による堆積物その他の災害廃棄物に関し、感染症の発生の予防及び悪臭の発生の防止のために緊急に必要な措置を講ずるとともに、早期に、必要に応じ無害化処理等を行った上での復旧復興のための資材等としての活用を含めた処理等を行うよう必要な措置を講ずるものとすること。

（第六条関係）

第七　事務の委任

環境大臣は、環境省令で定めるところにより、第四の事務を地方環境事務所長に委任することができること。

（第七条関係）

第八　政令への委任

この法律に定めるもののほか、この法律の実施のため必要な事項は、政令で定めること。

（第八条関係）

第九　施行期日等

1、この法律は、公布の日から施行すること。

2、国は、被災市町村負担費用について、国と地方を合わせた東日本大震災からの復旧復興のための財源の確保に併せて、地方交付税の加算を行うこと等により確実に地方の復興財源の手当をし、当該費用の財源に充てるため起こした地方債を早期に償還できるようにする等その在り方について検討し、必要な措置を講ずるものとすること。

（附則関係）

特別立法を続々と

六月二十四日　自民党案をほぼ丸呑みする形で「東日本大震災復興基本法」が成立した。菅内閣は当初、「東日本大震災復興の基本方針及び組織に関する法律案」を提出して成立を図ったが、自民党や公明党からの修正要求を受け入れ、法案を撤回した上、自民党案を踏まえて、改めて「東日本大震災復興基本法案」として提出されたものである。

法案は、東日本大震災からの復興の円滑かつ迅速な推進と活力ある日本の再生を図ることを目的とし、復興についての基本理念を定め、復興のための復興債の発行など資金の確保、復興特別区域制度の整備、東日本大震災復興対策本部及び復興庁の設置に関する方針等を定めた。

我々は、これまでに行った緊急提言の中で政府の対応が遅れている重要分野については特別立法によることとし、整理した。法案の作成は原則として所管する自民党の部会が担当することとした。


六月十六日のブログに私はこう書いている。

「自民党案をほぼ丸呑みする形で復興基本法が成立します。この他、震災関係では『税制特例法』、『土地改良特例法』、『財政特例法』等九法案が自民党の提言に沿って、またその協力で成立しました。また今、『原発損害賠償仮払い法案』、『二重債務問題救済法案』、『がれき処理特別措置法案』など六法案の議員立法に向けて作業を進めており、来週から順次国会に提出します。このうち、『二重債務問題救済法案』と『がれき処理特別措置法案』

は関係部会が複数にまたがるために私の緊急対策プロジェクトチームで直轄します。さらに対策案についてプロジェクトチームが中心となり、党を挙げての議論を経て行った緊急提言の中で特別立法によるべきものを整理したところ、三十一法案となります。政府の対応がさらに遅れるならば順次、提出して立法化を図り、対策を推進していきます」

民主党がやらないなら自民党がやる

いよいよ通常国会会期末の週となった。会期の延長や第二次補正予算の取り組みをめぐって菅総理の発言は二転三転した。当初は予定の会期末通りに早々に国会を閉じて「第二次補正予算の提出は八月以降だ」としていたが、「第二次補正を急がないと被災地の本格復旧は始まらない」と我々に責めたてられ、内閣不信任案採決の直前には、「会期はいくらでも延長するし、第二次補正予算も早期にしっかりと組む」と転じた。

ところが、内閣不信任決議案が否決されると、「いや、今回の補正予算は小規模でいい、本格的補正予算は改めて組む」と言い出した。

場当たり的に方針を変え、ただひたすら追及を避け、延命を図ってきたと言わざるを得ない。結果として復旧は進まない。与野党を問わず、菅総理が震災対策にとって最大の障害であると認識し、国民の多くが「辞めるべき」と思っている。それにもかかわらず、手段を選ばず、居座るために頑張る。「裸の王様」ならぬ「裸の総理」の感があった。

民主党幹部による菅総理説得工作もあり、結局、国会の会期は七十日間延長された。

六月二十日、北海道自民党第二選挙区支部の政経セミナーで講演を行った。当初は石破政調会長が講演する予定だったが、民主党などとの政策協議のために行けなくなったため急遽、私が代理で行うことになったものだ。

講演では「東日本大震災対策」をテーマに四十分間の話をした。及ばずながら自民党がいかに震災対策に取り組んできたか、順を追って心を込めて講演した。多くの皆様にご理解いただけたという手応えを感じた。

六月二十二日のブログに私はこう書いている。

「延長国会こそ自民党の政策力の発揮のしどころです。『民主党がやらないなら自民党がやる』の信念で、議員立法を始め、対策を打ち出し、推進します」

七月十九日、衆議院予算委員会で第二次補正予算案の基本的質疑が始まり、私は再び質問に立った。

「自民党は、震災発災以来、ほとんど審議拒否もせず、協力してきた。避難所対策から復旧対策まで持てるノウハウの全てを提供し、五七七項目の対策案を提言し・・・」

私が自民党の対応と民主党の受け止めを説明し、確認を求めると、菅総理や玄葉国家戦略担当大臣は応えた。

「自民党からは貴重な提言を具体的にいただき、それをでき得る限り取り入れてきた」

この日の予算委員会では、自民党から提出したがれき処理特別措置法案を受けて、政府提出法案を見直しすることについて菅総理が言及し、その後、自民党案に沿った決着につながった。

予算委員会での質疑の翌日、毎日新聞が珍しく自民党の協力姿勢を伝えた。「野党 復興参加アピール」との見出しで、私と政府とのやり取りを紹介し、「野党参加の震災復興を印象づけた」と書いた。逢沢国対委員長も「立法府の果たすべき役割はしっかりやる」と記者会見で述べ、震災対策で協力していく考えを改めて示した。

この夏を境に自民党の災害対策体制は、「緊急対応」から「復興対応」へとステージを変えていった。それに伴い、私たちの「東日本巨大地震・津波災害の法整備等緊急対策プロジェクトチーム」は役割を終え、自民党復興本部へ対応を委ねていった。

七、大震災対策　再び

環境副大臣、内閣府副大臣として

平成二十六年九月四日、第二次安倍改造内閣発足に伴い、私は、環境副大臣 兼 内閣府副大臣に就任した。

環境副大臣としては、主として福島第一原発の事故で放出された放射性物質による汚染への対処に関する業務にあたる。すなわち、除染の実施、汚染土壌等の中間貯蔵施設の整備、指定廃棄物の処分場の整備、被災者の皆様の健康調査、健康管理の実施等だ。

安倍総理がいつも言うように、東日本大震災からの復興なくして日本の再生はない。復興の前提となる、残された最大の課題だ。

思えば、私は、自民党の緊急対策プロジェクトチームの座長として大震災対策にあたったが、放射性物質に関するところは、その特殊性故に別途、チームを創り、対応にあたった。私たちが策定した「がれき処理特別措置法」において「放射性物質に汚染された廃棄物については、現在の法制度の下では想定されておらず、新たな法整備が必要」として別法に委ねることにしたのも同様の理由による。

東日本大震災は、複合災害と言われるように、地震、津波、そして原発事故と、災害要因がいくつも重なったことが被害を大きく、複雑にし、解決を困難にした。そのため、自民党の体制も分けざるを得なかったが、私にとって原発事故に起因する部分は、痛切に気になっていた、やり残した重要課題だ。今、改めて担当することになり、宿命を感じざるを得ない。

また、人の縁とは不思議なもので、鹿児島の川内川治水を計画当初、国土交通省の治水課長として支援してくれた関克己氏が、福島復興再生総局事務局長代理として一緒に仕事をすることになった。同じく川内川治水において、関課長のもとで企画専門官として骨を折ってくれた小平卓氏が、今は環境省放射性物質汚染対処技術統括官付参事官として支えてくれる。さらに、平成二十五年九月まで国土交通省九州地方整備局長として川内川治水等をフォローしてくれた吉崎収氏が、今は環境省放射性物質汚染対処技術統括官、すなわち前述の小平氏の上司として中間貯蔵施設の整備事業等において支えてくれる。私にとっては川内川治水の戦友ともいうべき各氏であって、心強い限りだ。

東日本大震災からの復興へ

中間貯蔵施設にしても放射性物質汚染廃棄物の処理施設にしても、被災地全体の復興にとっては欠かせぬ重要な施設だが、建設予定地周辺の方々にとっては必ずしも歓迎すべきものではない。敷地も広大に及ぶだけに、ふるさとを失ってしまうという思いもあるだろう。まずは、地域の人々の思いに向き合い、不安に応えていかなければならない。

また、環境副大臣としては、全国の原子力発電所における原子炉本体の安全確保を担う。実際には環境省の外局の原子力規制委員会が、国家行政組織法上の三条委員会、すなわち独立した組織として、その事務局である原子力規制庁とともに行う業務を予算面、体制面から支援することになる。

さらに、内閣府副大臣としては、原子力防災を担当する。全国の原子力発電所について、万一の事故に備えた地域の防災体制を整備しておくことは重要な課題だ。このため、内閣府原子力災害対策担当室を格上げして、政策統括官以下約五十人の専従体制を新たに構築して進めていくことにした。

特に、地域防災計画や避難計画を自治体と連携して策定し、訓練を実施していくことは、原発が稼働しているか否かにかかわらず、住民の皆様の安全・安心を高めるために重要な課題だ。防災体制の構築に終わりはない。地域の声に沿いながら、継続的に改善・充実を図り、熟度を上げ、防災体制の充実・強化に向けて着実に進めていかなければならない。

除染や、放射性物質に汚染された廃棄物の処理も原子力防災も国家的重要課題であり、難しい課題であるだけに、大きな緊張感を持って担当していく。これまでに経験してきた数々の災害体験における教訓を活かしながら、住民の皆様の厳しい声を受け止め、疑問や懸念に真摯に対応していくことが大切と考える。日本の再生、その前提としての東日本大震災からの復興に体を張って取り組む覚悟だ。

第四章

赤潮被害対策に学ぶ教訓

一、日本一のブリ養殖潰滅の危機

二年連続の赤潮被害

「また、赤潮が出たかも知れません」

平成二十二年七月五日、地元回りをしていた私の携帯電話に、長島町の東町漁協の長元信男組合長から急報が入った。私は、直ちに水産庁の佐藤正典長官に連絡し、備えを要請した。

翌六日、七日と、時の経過と共にいよいよ赤潮の発生は、はっきりしてきた。昨年も発生した。平成二十一年、二十二年と、私の地元の鹿児島県長島町から、熊本県、長崎県にかけての不知火海、有明海沿岸を二年連続して赤潮が襲ったのだ。

赤潮とは、主に植物性プランクトンが特定海域で異常発生し、海水が赤く染まる現象を言う。赤潮がおこると、プランクトンが魚のえらに触れ、えらに障害をおこして呼吸ができなくなったり、プランクトンが海水中の酸素を大量に消費するために海水中の酸素が欠

視察風景

乏して大量の魚が死んでしまう。

七月九日、私は、川添健長島町長、県職員、そして長元漁協長ら漁協関係者と共に長島海域の赤潮被害の発生状況を船上から視察した。

悪条件が重なる

昨年の教訓で生簀《いけす》を沈下させるなどの対応を取っているところは被害は少ないものの、赤潮は昨年とは違う西側に発生した。現状では被害の発生区域は限定的であるものの、さらに被害が拡大することが予想された。私は船上から、さらに現状を佐藤長官に説明し、要請した。

「被害拡大の恐れがあります。水産庁に万全

大量死したブリ

の対応をお願いしたい」

「分かりました。何でも言ってください」

佐藤長官も心配げだ。昨年は、未曾有の被害に対して、町、県、国と連携して経営再建に漕ぎ着けたばかりだった。この後、私は暇を見つけては長島へ行き、漁協関係者と赤潮被害の状況を確認し、今後の対応を協議したが、被害は拡大を続け、ついに被害は未曾有の被害と言われた前年の被害を越え、一〇〇年に一度の災害と言われるまでになった。

前年の赤潮は二週間、滞留したが、今回は一カ月と、さらに長期に及んだ。細胞数も膨大であり、最盛期に小潮と、潮も動かなかった。悪条件が重なった。

その結果、ブリやカンパチなど養殖魚が大

量に斃死《へいし》し、被害額は二十二年度だけで鹿児島県、熊本県、長崎県を合わせて五四億円に上った。日本一のブリ養殖地帯が壊滅の危機に瀕した。生簀も死魚の捨て場も目もあてられないような光景が広がっていた。私の事務所やブログには悲痛な声が寄せられた。

「息子に家業を継がせたばかりですが、毎年毎年このような状況になるのでは廃業するしかありません。私たちが望むのは安心して養殖業が続けられる環境です。抜本的な対策をお願いします」

懸念された地域経済への影響

長島町の東町漁協は従来、創意工夫して積極的にブリ養殖に取り組み、「鰤王《ぶりおう》」としてブランド化して、海外にも積極的に輸出展開を図るなど、全国のブリ養殖のモデルとなって先駆的な事業展開を進めてきた。加工や販売も含めて、長島町の基幹産業のひとつだ。

東町漁協が主催する毎年秋の「長島おさかな祭り」は、一万六千人から一万八千人もが訪れる地域の一大イベントだ。もし長島のブリ養殖が壊滅すると地域経済への影響は計り知れない。

漁業共済制度があるが、共済からは損失額の六割しか補てんされない。養殖業者は二期連続して収入を失い、従来の養殖設備の整備に係る借金や、以前の赤潮被害に起因する借金もある。再生しようにも、えさ代も払えないような状況だった。

八月三日、私は、衆議院農林水産委員会の質問に立った。

「若い後継者の多い。地域の基幹産業です。何とか未来へつないで行きたい。激甚災害、口蹄疫災害並みの対応をお願いしたい」

八月十一日、長崎県、熊本県、鹿児島県の水産担当部長らと対策について打ち合わせした。都度重なる赤潮被害で、養殖業者にさらなる借金をするような余裕はなかった。事態は現場の自助努力を越え、現行制度では養殖経営の再建は困難だった。

関係自治体や漁協からは国による損失補てんを求める悲痛な声が寄せられた。食料生産者の安定的な生産を確保することは、国民の安心安全な食料を確保するために不可欠だ。地域経済社会も守っていかなければならない。政治の大きな責任だ。

私は、現場に何度も通い、意見を聞くと同時に、共済など現行制度を検証し、県と相談しつつ、必要な補てん額の算定や関連する対策の検討を進め、制度設計を急いだ。

「これは海の口蹄疫だ」と言って力になってくれたのが伊藤祐一郎鹿児島県知事だ。行政サイドからの補てん必要額の算定や技術的な課題についてアドバイスをくれた。「県として三億円まで出せる」とも言ってくれた。

特例スキームを要望

養殖を再生するために必要な補てん措置のスキームや関連する施策を整理し、九月八日、衆議院農林水産委員会で取り上げた。

「養殖漁業者の自助努力で解決できる範囲をはるかに超えています。従来の救済策では再建は困難です。年内の資金はあっても来年の資金がない現場の状況を認識いただきたい」

「一定規模以上の赤潮については、損失のうち共済で賄いきれない部分は国と県で補てんする措置がどうしても必要です」

「共済が及ばない損失について国が五分の四、県が五分の一を補てんし、県分については特別交付税の対象とするスキームを思い描いています」

私は、現場の窮状を説明し、補てん措置の具体策に踏み込んで訴えたが、民主党政権の腰は重かった。

「今の農水省の諸制度において十分対応していけると考えています」

山田正彦農林水産大臣の答弁は、従来の施策の域を出るものではなかった。私は、今後の予防策についても求めた。

「新規の養殖漁場の整備、沈下式の生簀《いけす》の設置、既存の生簀の避難のための曳航支援など、国がしっかりと図っていかなければなりません」

さらに、私は、農林水産大臣室を訪ね、この九月に新たに大臣に就いた鹿野道彦農林水産大臣に直談判して、必要性を訴えたが、彼の腰もまた重かった。

「前例がない」

「他の被害との整合性が取れない」

民主党政権は政権交代当初、間違った「政治主導」により「政調機能」を廃止したように、政策立案や危機管理に対する訓練ができていない。厚い壁が立ちはだかった。

二、赤潮被害対策特別措置法案

議員立法へ

そこで、私が思い立ったのが議員立法だ。補てん措置を中心に対策を盛り込んだ法案を自ら国会に提出して公の場で訴えるのだ。ただ、野党の議員立法は難しい。官僚が手伝ってくれないから、独力で法案を作成しなければならない。しかも全国的な課題ではないから関係議員も少ない。孤独な作業だ。法案を国会に提出できても、野党提出法案の場合は多勢に無勢で、往々にして審議すらされず、廃案となる可能性が高い。

まずは、簡単には反対できない説得力のある法案を作らなくてはならない。先に策定した補てん措置のスキームを核にして工夫を重ねた。案ができたところで自民党水産部会に相談し、水産部会の理解と後押しのもとに手続きを進めた。

法案には、補てん措置と共に、シスト（赤潮の種）調査、赤潮被害回避のための新規養殖漁場の整備、新型生簀の設置など、今後の被害予防のための措置も盛り込んだ。

赤潮被害対策特別措置法案要綱

第一　目的

この法律は、養殖業が水産物の安定的な供給を図る上で重要な役割を果たしている中で、ここ数年来養殖業に深刻な被害をもたらす赤潮が相次いで発生し、養殖漁業者の自助努力では被害の回復及び経営の再建が困難となっているとともに、養殖業を重要な産業としている地域においてその経済に深刻な影響を及ぼしている現状にあること、また、近年の海水温度の上昇等によりこれまで赤潮が発生していなかった地域においてもそのような赤潮が発生するおそれが生じていること等にかんがみ、赤潮により深刻な被害を受けた養殖漁業者に対する赤潮被害補てん金の支給、これらの被害に対処するために要する費用等に係る国の財政上の措置、赤潮の発生に係る調査研究の推進等による赤潮の防除のための措置等について定めることにより、赤潮により深刻な被害を受けた養殖漁業者の経営の再建及び安定並びに赤潮による被害の防止を図り、もって国民に対する食料の安定的な供給及び地域の振興に資することを目的とすること。

（第1条関係）

第二　定義

1　この法律において「養殖漁業者」とは、漁業災害補償法第114条に規定する養殖業の種類を勘案して政令で定める養殖業を営む者をいうこと。

2　この法律において「特定赤潮」とは、深刻な被害が発生した赤潮として農林水産省令で定める要件に該当する赤潮をいうこと。

（第2条関係）

第三　赤潮被害補てん金の支給

1　都道府県知事は、当該都道府県の区域に係る地先水面において養殖業を営む養殖漁業者であって、特定赤潮により当該養殖業に係る養殖水産動植物（養殖中の水産動植物をいう。以下同じ。）が死亡したものに対し、その者の申請に基づき、赤潮被害補てん金（以下「補てん金」という。）を支給すること。

2　補てん金の金額は、当該養殖漁業者ごとに、特定赤潮により死亡した養殖水産動植物の数量に、当該養殖水産動植物と同種の水産動植物の当該地域における標準的な出荷価格を乗じて得た金額を基礎として農林水産省令で定めるところにより算定した損害額に、政令で定める割合を乗じて得た金額とすること。

3　2の政令で定める割合は、特定赤潮により当該養殖業に係る養殖水産動植物が死亡した養殖漁業者（以下「赤潮被害養殖漁業者」という。）に生じた損害が、漁業災害補償法の規定による漁業災害補償制度と相まって、十分に補てんされるものとなるよう定められるものとすること。

4　補てん金の支給を受ける権利を有する者について相続その他の一般承継があった場合には、その者の相続人その他の一般承継人は、自己の名で、その者の補てん金の支給を申請することができるものとすること。

5　補てん金については、補てん金の支給を申請した者が迅速にその支給を受けることができるよう、仮払をする方法その他の政令で定める方法により支給するものとすること。

（第3条関係）

第四　資料の提供等

1　都道府県知事は、漁業共済組合、漁業共済組合連合会、漁業協同組合、漁業協同組合連合会又は市場において卸売の業務を行う者に対し、赤潮被害養殖漁業者の損害額の算定のため必要と認められる資料の提供その他必要な協力を求めることができるものとすること。

2　都道府県知事は、赤潮被害養殖漁業者の損害額の算定に当たっては、1により提供を受ける資料を活用すること等により、補てん金の支給を申請する者に過重な負担を課することのないよう配慮するものとすること。

（第4条関係）

第五　政令への委任

補てん金の申請期間、支給方法その他補てん金の支給に関し必要な事項は、政令で定めるものとすること。

（第5条関係）

第六　不正利得の徴収

偽りその他不正の手段により補てん金の支給を受けた者があるときは、都道府県知事は、国税徴収の例により、その者から、その支給を受けた補てん金の額に相当する金額の全部又は一部を徴収することができるものとすること。

（第6条関係）

第七　非課税

租税その他の公課は、補てん金として支給を受けた金銭を標準として、課することができないものとすること。

（第7条関係）

第八　国の負担

国は、都道府県知事が補てん金の支給をするために必要な費用の五分の四を負担すること。

（第8条関係）

第九　特定赤潮に対処するために要する費用等に係る国の財政上の措置

国は、補てん金の支給に要する費用、特定赤潮により死亡した養殖水産動植物の埋却の支援に要する費用その他特定赤潮に対処するために要する費用並びに赤潮被害養殖漁業者等の事業の再建等に必要な金融上の措置に要する費用及び雇用の機会の確保に要する費用その他特定赤潮による被害がこれらの者の経営又は生活に及ぼす影響を緩和するために要する費用について、特定赤潮による被害の発生した地方公共団体が実質的に負担する部分を生じさせることのないよう、必要な財政上の措置を講ずるものとすること。

（第9条関係）

第十　金融上の措置

国及び地方公共団体は、赤潮被害養殖漁業者等に対し、種苗の購入、養殖業に係る施設又は設備の整備等に必要な資金の無利子の貸付けが円滑に行われるための措置、当該資金の貸付金の償還期限の延長に係る措置、養殖業に必要な資金の借入れに係る債務の保証の拡充のための措置その他の事業の再建等に必要な金融上の措置を講ずるものとすること。

（第10条関係）

第十一　赤潮による被害の回避のための措置

国及び地方公共団体は、養殖漁業者等が行う消波堤及びいけす等を固定するための錨《いかり》の設置その他の新規の養殖漁場の整備に係る措置並びに沈下式いけすの設置及び曳《えい》航によるいけすの移動に対する支援、人工種苗の開発及び活用による早期の出荷のための措置の推進その他の赤潮による被害を回避するために必要な措置を講ずるものとすること。

（第11条関係）

第十二　赤潮の発生に係る調査研究の推進

1　国及び地方公共団体は、赤潮の発生の原因となる有害なプランクトンの休眠期細胞の分布状況の調査を行うとともに、赤潮の発生メカニズムの究明を図るための調査研究を推進するものとすること。

2　国は、1の施策を効果的に実施するため、国、地方公共団体等の相互間の緊密な連携協力体制の整備を図るものとすること。

（第12条関係）

第十三　赤潮の防除のための措置

国及び地方公共団体は、第十二の1の調査の結果及び調査研究の成果を踏まえて赤潮の発生の防止のための措置を講ずるとともに、赤潮の除去に関する研究開発の推進及びその成果の普及のための措置並びに赤潮の除去に係る措置を実施するため必要な財政上の措置その他の措置を講ずるものとすること。

以下省略

赤潮対策推進決起大会

自民党の各部会の上に立つのが政調会長だが、当時の石破茂政調会長も全面的に協力し

赤潮対策推進決起大会写真

てくれた。私は、対策推進の機運を高めるために長島町や漁協と相談して長島町で決起大会を開催してもらうことを企図した。九月九日に五〇〇人余りが参加して開催されたこの大会に石破政調会長も出席し、赤潮特措法の成立を目指すことを表明し、対策推進の強力な後ろ盾となってくれたのだ。

立ちふさがる壁

かくして平成二十二年十月十九日、赤潮被害対策特別措置法案を国会に提出した。先立って、各党の協力をもらうべく、各党の部会に伺って法案について説明した。その結果、法案は、自民党、みんなの党、たちあがれ日本の共同提出となった。ところが、案の定、法案はなかなか審議されない。民主党内では依然として「補てんはできない」という考えが支配的だった。

業を煮やした私は、衆議院農林水産委員会の一般質疑で赤潮被害対策特別措置法案について政府の対応を質した。私が、法案の概要を説明すると、鹿野大臣は共済制度との兼ね合いを理由に補てん措置を否定した。

「共済制度に加入しなくても補てんされることになれば、共済制度そのものは今後どうなっていくのか」

予想された答弁だ。私は説いた。

「今回、共済金は被害額の最大六割しか適用がありません。残りの四割を国と県で補てんしようというものです。自助努力に視点をおいて、共済に入っていても及ばない部分を国と県で救うものです」

すなわち、共済に入っていてはじめて全面救済されるスキームであって、むしろ共済への加入を促進する意味もあるスキームだが、彼の答弁は平行線だった。

「共済制度を守っていくうえでも、公平感を保つうえでも、議員の言われることに、わかりましたとは言いにくい」

民主党政権の頑《かたくな》な姿勢は変わらなかった。それどころか、十月下旬、民主党の水産ワーキングチームの会合で「赤潮は養殖業者が餌をやり過ぎたのが沈殿して発生するから、漁業者にも責任がある」との発言がなされたという。赤潮は、大抵が不知火海等で発生して南へ流れてくるから養殖業者に責任を求めるのは酷だろう。結局、民主党は抜本策を打ち出し得ないでいた。

この頃、私のブログに寄せられた長島町の漁業関係者のコメントを紹介する。

「昨年の経験から養殖業者は、自分にできることは本当に一生懸命に対策を取ってきました。簡単なものから生簀の形状を変えるような大がかりなものまで、具体的に挙げればきりがないくらいです。漁業共済にも一〇〇％加入しました。それでも民主党は『漁業者の自己責任』と突っぱねるのでしょうか。助けてください。来年では遅いのです」

バーターによる国会交渉術

そのような状況下、知恵を出してくれたのが、自民党農林部会長と衆議院農林水産委員会筆頭理事を務めていた宮腰光寛議員だ。当時、民主党は看板法案としての「六次産業化法案」の成立を目指していた。そこで、宮腰議員は「赤潮被害対策特別措置法案」を六次産業化法案の前に置いて、民主党側に毅然と言い放った。

「六次産業化法案を通したければ、まず赤潮対策特別措置法案を審議しろ」

これには政府・民主党は困ってしまった。赤潮特措法案を審議しなければ、今度は自民党が六次産業化法案の審議に応じない。私は、ここを先途と、宮腰議員と共に民主党政権の窓口である筒井信隆農林水産副大臣と粘り強く交渉を重ねた。そして会期末も迫る十一月九日、ついに筒井副大臣は折れた。

「赤潮被害対策特別措置法案に定めた補てん措置を予算措置として実施するから、六次産業化法案を会期内に通して欲しい」

筒井副大臣が宮腰議員に回答したこの日、私は、稲盛和夫氏が出資してつくられた稲盛財団が主催する「京都賞」授賞式に出席するために京都にいた。レセプション会場にいた私の携帯電話に宮腰議員から吉報が届き、私は、すぐ近くにいた伊藤県知事に伝えた。

「自民党は、野党ながらも政策を実現させる方法を開発しましたね」

彼も手を握って喜んでくれた。会場を後にした私は京都駅に向かうタクシーの中からも町長や漁協長をはじめ、関係者に携帯電話から連絡した。すると、私の会話を気にしているように見えた運転手さんが訊《き》いてきた。

「お客さんは鹿児島の長島町の関係者ですか。実は私の妹が長島のブリ養殖業者に嫁に行ってまして」

こんな偶然があるものだ。かくして、赤潮対策特別措置法案がテコとなって我々の主張が実現することになったのだ。このバーターによる国会交渉術は、その後、宮腰議員の得意技となった。

三、赤潮に負けないブリ養殖へ

赤潮被害を予防するために

さて、「補てん」は、養殖用の餌の現物支給という形で行われたが、これにより養殖業者は経営を回復し、日本一のブリ養殖地帯は壊滅の危機を脱することになった。ただ、これは抜本解決ではない。赤潮はまたいつ発生するか分からない。赤潮にも負けないブリ養殖を確立する必要がある。法案にも書かれたように、今回の赤潮被害を教訓にいくつもの予防策が講じられていった。

まず、夏場の赤潮発生の可能性のある時期には沖合を含めた定期的な調査を実施するとともに、隣県を含めた他の機関の調査結果情報も共有することで赤潮の発生を予兆の段階で把握することが必要だ。

赤潮発生時には、迅速な情報伝達を行い、餌止めや可能な限り赤潮の発生していない漁場への生簀の移動を行う。また、浮沈式の生簀も有用だ。水深の深いところでは赤潮の影響を受けにくいため、いざという時には生簀を沈下させることで被害を軽減させようというものだ。

沖合に設置した新規漁場も有望だ。赤潮の発生リスクが少ないだけでなく、適度に脂身が乗って質が良く、斃死も少ない。ただ、波が高い中で、いかに安定的に給餌するかが課題だ。

東町漁協では、赤潮発生時の対応について以下のように定めている。

・漁協は常に赤潮の状況を調査して、情報を養殖業者に提供する。
・被害防止策の実施が必要な場合には、養殖業者会の地区代業者を通じて指示。

浮沈式生簀

・隣県を含めた八代海で赤潮の発生が数細胞単位で確認された時点で餌止め、避難の準備を指示。
・その後の調査や情報等によって得られた発生海域や範囲、細胞数等からリスクを分析し、各地区へ代表者を通じて餌止めの継続や避難を指示。
・避難指示の場合、地区代表者はリスクの高い漁場やリスクの高い大型魚から順に生簀を曳航して避難を実施。避難にかかる日数はそれぞれ二〜四日程度。

賑わいを取り戻した「長島おさかな祭り」

十一月十四日、「長島おさかな祭り」に参加した。

新規漁場

ブリ養殖や地域の魅力を内外に発信しようと二年前から始まった祭りだ。

赤潮被害対策が提案通りに獲得できる見込みとなり、晴れて地域の皆様と一緒に祭りを楽しんだ。

会場は、町内外から訪れた二万人近い人々であふれかえり、歌あり、踊りあり、船上からの餅蒔きあり、地域の名産品の出店コーナーも賑わった。特に、漁協主催の抽選によりブリが当たる催しは長蛇の列だった。

会場を歩くなかで多くの人々から感謝の言葉をいただいた。その中でブリ養殖業者の奥さんから声をかけられた。

「今日もうちの人はアルバイトに行ってますが、これでまたブリ養殖で頑張れます。本当にありがとうございました」

　涙が出る思いだった。本当によかったと思った。

　この三年間、赤潮は発生していない。日本一のブリ養殖は見事に立ち直り、海外展開もさらに進み、今ではＥＵなど二四カ国に輸出している。昨年は、総理官邸で行われた農林水産業・地域の活力創造本部会議で養殖の優良事例として発表も行った。国民の食料確保や地域発展の要として将来へわたって健在であることを願う。

『復興への道標《みちしるべ》』

東日本巨大地震・津波災害及び原発事故対策に関する

緊急提言（第一次・第二次分）

自民党

第一次緊急提言　平成二十三年三月三十日
第二次緊急提言　平成二十三年四月十五日

㈱「法律上の措置案」等については省略

東北地方を襲った巨大地震・津波は、未曾有の大災害を引き起こした。わが党はこの国難とも言うべき事態に対し、党派を越えて懸命に努力を重ねているところであり、過日は菅総理に『緊急提言（第一次）』を取り急ぎ提示した。政府もこれに真摯に対応し、四月七日には早速、わが党の提言に対するフィードバックの説明がなされたところである。

わが党は、その後も被災地の生の声や団体等からの要望を踏まえ、真剣な協議を続けてきた。ここに、第一次提言をさらに具体化するとともに新たな提言を加え、『第二次提言』を取りまとめた。第一次提言に引き続き、政府における速やかな対応を求める。

目次

具体策の提案

【Ⅰ】政府の支援体制の確立

1、震災特命大臣及び特命室の設置

被災者支援・生活支援・産業再興・インフラ復旧等を担当する特命大臣を設置、対策実施権限を付与し、「政治決断」を可能とする。関係省庁を調整し得る精鋭を大臣特命室に集結させ、特命大臣をサポートする。必要な情報は特命室員を通じて的確に大臣に集約され、方針は特命室員により速やかに関係方面に伝達される体制を確立する。

2、政府現地対策本部の機能強化

被災県ごとに副大臣クラスを長とする現地対策本部を設置し、関係省庁出向職員によるサポート体制を確立。本部長に一定の即応権限を持たせ、現場対応すべきは即応し、調整を要する案件については震災特命大臣に直結する。本部員は、被災現場、避難所、ガレキ処理現場、仮設住宅建設現場を巡回しつつ、ニーズを把握し、要望事項の取りまとめにあたる。

【Ⅱ】被災自治体等への応援体制の構築

被災自治体が自由に使える『災害臨時交付金』を創設し、ニーズに応じて機動的な災害対策事業等を実施する。

被災により自治体等の行政機能は大幅に低下、事務量は格段に増大しているにもかかわらず、各自治体からの一般行政職員の派遣は遅滞している。（3／22付けで総務省より都道府県・政令指定都市へ通知）。対応の長期化にも備え、政府主導による応援体制を構築する。

(1)派遣職員への国による財政特別支援制度＝他自治体からの職員受け入れに係る経費を交付金で全額措置。

(2)避難者及び避難受け入れ者に対する国の一元的な情報管理と発信。

(3)機能喪失市町村・保険者等の国民健康保険、介護保険、生活保護の給付及び年金給付体制の整備。

(4)道路法等の都道府県等による市町村等事業の権限代行制度の創設。

(5)被災県ごとに被災市町村の代表からなる『災害対策連絡会議』を設け、要望や支援策をまとめる。国との連絡調整の迅速化・効率化を図る。

(6)緊急かつ具体的なニーズの把握、被災地市町村ごとの復興再生計画の策定、政府対策本部および各省庁間の確実かつ迅速な調整等のために関係する省庁と被災地市町村との連携をさらに強化する。

(7)被災者の受入れなど自治体が実施する被災地に対する様々な支援対策について国が支援する。

(8)自治体が自発的に救援物資の輸送、保管、職員の派遣等を行う場合、その費用について災害救助法の対象とする。

(9)被災自治体の負担軽減を図るため、既存の法令等に定める災害復旧事業計画概要書ほか各種申請書提出期限の大幅な緩和、各種申請書及び実績報告に係る提出書類の大幅な簡素化、補助事業期間の大幅な延長など事務手続きの特例措置を講じる。

罹災証明書の発行に係る手続きを簡素化し、迅速な発行を促す。

⑽被災自治体における携帯電話等の通信障害を解消するため、国が、衛星携帯電話を提供し、連絡手段を確保。あわせて、防災行政無線の復旧を急ぐこと。

【Ⅲ】避難所対策

避難所ではインフルエンザなど疾病が蔓延しがちであり、医療の確保とともに、燃料、温かい食事、情報、寒さ対策、入浴、し尿処理、廃棄物処理が欠かせない。

1、医薬品・衛生用品の確保・避難所救護センターの設置等

①製薬業界などの協力を得て、十分な医薬品（一般用医薬品含む）、衛生用品・医療材料を避難所へ供給できる体制を確立する。

②ヘリコプター等の活用による緊急物資輸送力を増強する。また、民間ヘリの活用による救命活動及び物資輸送に関する特例措置を講ずる。

③うがい、手洗い、マスクの着用の励行。

④初期診療を行う避難所救護センターの設置。

例えば一〇〇〇人以上の避難所は二四時間体制で診療、五〇〇人以上の避難所は日中の診療、五〇〇人以下の避難所は巡回診療、看護師等による巡回も併せて実施する等。

⑤医療チームの配置等を行う調整本部を保健所に設置。

⑥心のケアのために精神科救護所、精神科協力診療所を設置。

⑦災害救援に提供した医薬品等の費用の弁済システムを整備すべき。

2、食事提供の状況把握、計画策定、国庫負担率の引き上げ

①一日三食、温かい食事、栄養面に配慮した献立であるか、県に調査を依頼し、実態把握のうえ、十分な供給が実施されるよう計画策定を求める。
②必要に応じて食費の国庫負担を引き上げる。

3、寒さ対策、日常生活対策の状況把握、要員派遣、災害救助費の投入

①寒さ対策（米軍から提供される大型テント、シートが効果的）、食事対策、日常生活対策（洗濯機、物干し場、テレビ、間仕切り、入浴、し尿処理、廃棄物処理）等について、県に依頼して避難所の状況を把握する。
②避難所の現状把握のために必要に応じて要員を派遣。
③調達困難な物資について関係業界団体などへ支援を依頼。
④新たな実施方策について極力、国の災害救助費で対応。
⑤母子コーナーを設置し、授乳等に配慮するとともに、乳幼児・母親については心のケア、栄養管理において特段の措置を図る。また、早期の仮設住宅への入居を進める。
⑥避難所運営のマニュアルを作成するなど国・県において避難所の環境改善に向けて指導を図る。
⑦避難所運営費用について運用基準を設ける。
⑧被災自治体が民間賃貸住宅を借り上げる場合の予算措置を講じる。

4、避難所パトロール隊の設置

①県職員と警察官による避難所緊急パトロール隊を編成し、避難所を巡回し、避難住民の安全確認、人心の安定、被災者の状況や地滑り等の危険個所の把握に努める。
②避難所からの要望には、できる限り翌日のパトロールで応える。

5、在宅避難者支援

在宅避難者にも食事の提供等特別の支援を図る。

6、ホテル・旅館等への避難の促進

ホテル旅館等への避難措置について、被災者への周知を徹底するとともに、手続きの簡素化を図る。

①県庁職員の活用とともに、被災者に馴染みの深い市町村職員をフルに動員する。

②現状のように避難所ごとに紙一枚を掲示板に貼るだけでなく、自己負担がないことや、受け入れ側の県・施設等記載した案内書を被災者に定期的に配布する。

③被災者が住民票や罹災証明書を受入施設に提示すれば、被災県への確認などは受入施設が行うとする。

【Ⅳ】被災者支援

国の責任で「きずな基金」を創設し、諸制度の狭間で行き届かない分野についてきめ細かい被災者への支援を実施する。

1、遺体火葬・埋葬・行方不明者等に関する措置

①ご遺体の尊厳を守る対応に配意する。

②遺体の身元確認、遺体火葬施設の不足、死亡届手続きの遅滞等に対応するための相談センターを設置する。

③保険・年金・相続等についての便宜を図るため、行方不明者の「みなし死亡」を災害発生か

ら一ヶ月を経過した場合に遺族の申請により認める特例措置を講じる。

④現在の墓地埋葬法は指定墓地にしか埋葬できないため、柔軟な運用、もしくは甚大なる災害による墓地埋葬の例外規定を設ける。

⑤身元確認作業派遣医師・歯科医師等への助成、遺体検案費用への助成。

⑥火葬・埋葬・墓地にかかる業者への緊急車両ステッカーの速やかな取得等の支援。

⑦行方不明者の把握に供するために、国勢調査のデータを自治体に開示する特例措置を講じる（統計法の改正）。

⑧液状化により実質住めなくなった住宅についても被災住宅として同様の支援措置を図る。

2、災害弔慰金・災害障害見舞金の早期支給、地方負担分の軽減

①災害弔慰金（災害弔慰金の支給等に関する法律）

・生計維持者の死亡：五〇〇万円、その他の者の死亡：二五〇万円の早期支給に努める。

・国庫負担（従来1／2）を引き上げ、地方負担分を軽減する措置を講じる。

②災害障害見舞金（同上）

・重度障害に対して生計維持者：二五〇万円、その他の者：一二五万円の早期支給に努める。

・国庫負担（従来1／2）を引き上げ、地方負担分を軽減する措置を講じる。

3、住宅被災世帯に対する支援

①支給が円滑に行われるように基金に対して国による格段の措置を講じる。

②新たな住宅の取得に資するため五〇〇万円程度まで支給実施を含め特段の措置を講じる。

③災害公営住宅の用地取得費への補助の創設。

④災害公営住宅における低所得者の家賃負担の低減。

⑤宅地の擁壁等の補修に対する住宅金融支援機構の融資制度の創設（阪神では立法措置）。
⑥住宅金融支援機構の災害復興住宅融資の拡充（金利引下げ等）。
⑦災害救助法上の対応において、元の場所と異なる場所に家屋を建築した場合においても同様の支援措置を講じる。

4、災害援護資金貸付・生活福祉資金貸付の円滑実施

5、医療・介護等の確保

①公立病院については復旧にあたって補助率の嵩上げ等被災自治体に実質的に負担が生じないように措置する。
②民間病院・診療所等については新たな補助措置等国の支援措置を導入し、最大限の支援を図る。
③福祉医療機構の災害復旧融資の充実強化。
④病院等の収容人員についての特例措置。
⑤特別養護老人ホーム等の被災者受入れに伴う施設基準や入所・入院基準の緩和。（面積・人員配置・報酬・受入期間等）
⑥被害にあった民間関係（歯科・調剤等を含む）施設等について、低利貸付、低利融資の貸付限度額の緩和等の実施。
⑦医療機関・薬局における診療報酬の減少に伴う経営の危機に対応し、民間金融機関等からの既往貸付の返済猶予の早期実行と緊急融資・公的保証枠への柔軟な対応。
⑧国の主導の下に、医師・歯科医師・薬剤師・看護師等をチームとしてとらえ、応援体制を構築し、被災自治体における受け入れ体制を充実強化。

⑨医師・歯科医師・薬剤師・看護師等の被災地での救援活動に関して支障のないように対応すべき。

⑩高い高齢者率及び高齢者在宅率に対応し、介護要員を確保。

⑪被災地に医師・歯科医師・薬剤師・看護師等を派遣した医療機関等について医療法及び診療報酬等に関する人員基準等の要件を当面の間緩和する。

⑫訪問看護事業所が被災し訪問看護ができないことに対応し、訪問看護等の地域ケアに対する人的支援や柔軟な制度運用を行う。

⑬看護師等の免許登録の遅れにより、診療報酬の算定基準等に影響がある場合、制度の弾力的な運用を行う。

⑭医療機関・薬局や福祉施設が自主的に行っている支援活動について支援の長期化に対応してその費用等において国の責任で措置を図る。

⑮被災者の救急医療から慢性期への移行に伴い、療養型施設等の退院先の確保において、特に広域に及ぶ退院調整は、地方行政と協力しながら国が主体となって行う。

6、医療・介護・福祉・衛生等の環境整備

①社会保険料免除制度の創設

被保険者の窓口負担や保険料（健康保険、年金保険料等）の免除制度を創設する。療養の給付に要する費用の一部負担金、入院、入所時の食事療養費等にかかる標準負担額等の支払いを免除。（障害者支援施設等含む）介護保険、障害者自立支援法における自己負担分の免除。それらに係る保険者への財政支援。

②被災により賃金の支払いに著しい支障が生じている事業所について健康保険及び厚生年金保

険料等の保険料を免除し周知する。（児童手当制度の企業負担部分の免除、標準報酬月額の改正の特例を含む）

③病院等医療機関、社会福祉関係施設、製薬メーカー・卸・医療関係者・医薬品配送車、病院寝具等の取り扱い関連業者への電力・燃料の優先供給。

④医療（歯科・調剤を含む）・介護・福祉関係者に対する緊急車両ステッカーの速やかな取得。

⑤移動診療所設置に関わる特別措置及び費用補償。

⑥慢性疾患等への対処など、長期的医療提供体制への支援。

⑦入浴施設に対する燃料確保等の支援。

⑧理容師・美容師が避難所で行う生活衛生改善のための実費支援。

⑨口腔ケアなど被災高齢者への対応についての財政支援。

⑩福祉貸付金等に対応した社会福祉協議会への専門職の派遣による人員の確保。

⑪仮設住宅における被災者のアルコール依存症対策やうつの予防対策等に努める。

⑫十分な衛生指導、感染症予防対策の健康相談ができる環境を整備。

⑬在宅被災者の把握と医療・介護等の供給を確保すべき。

⑭停電対策としての在宅人工呼吸器使用者や体温調節が難しい全身性障害者へのバッテリーの確保等、障害を持つ被災者（自宅等避難者含む）に対する特別の支援を強化。

⑮障害を持つ被災者に対しても、障害の個性に応じ確実に情報提供なされるよう配慮するとともに、ヘルパーが障害者不在宅に従事しやすい環境整備を図る。

⑯高齢者・障害者等が入居する避難施設、仮設住宅等はバリアフリーが施されるように努める。

⑰仮設福祉施設の建設の促進を図る。その際、人員、面積等の諸基準も緩和すべき。

⑱避難所や自宅退避者についても介護支援・障害者支援を十分に図る。
⑲避難所や自宅退避者に対して行っている支援など、被災により障害者施設等外で行っている支援に対しても財政的支援を含めた対応を図る。
⑳障害福祉サービスの新体系への移行期間について被災施設では移行準備ができないことを踏まえ、特段の配慮を講ずる。
㉑常時介護を要する障害者の増加に対応し、被災障害者の訪問系サービス支給量を見直す通達を全国自治体に出すとともに、その支給量の増加分について全額国庫負担とする。
㉒被災の影響で障害者作業所等の施設維持が困難になった場合、その運営費において国により特段の措置を講じる。
㉓福祉サービスを行うための福祉車両を確保すべき。
㉔介護のケアマネージャーを災害対策指定公共機関に入れるべき。
㉕行政の縦割りを超えた福祉・介護・障害対策専門のコーディネート機能の構築が必要。
㉖避難所等において柔道整復師・あん摩マッサージ指圧師・はり師・きゅう師等が治療にあたる場合の治療代の本人負担については、特段の支援措置を図る。

7、園児・児童・生徒の就学支援

①長期の避難生活が続く子供たちへの就学支援及び健康管理等学校生活の円滑化を進める必要があるため園児・児童・生徒の就学支援立法を講じる。
ア、被災児童・生徒の就学援助金として、一定額の現金給付を行う。
イ、被災児童・生徒について授業料などの学校への納付金について、私学も含めて免除措置を取る。

ウ、来年度から被災により就学が困難となる児童・生徒に対する特別給付型奨学金を創設し、就学支援を行う。
エ、災害により市町村教育委員会が機能不全に陥った場合、都道府県教育委員会による代行を可能とする立法措置を講ずる。
オ、一時的に避難する被災児童・生徒等に係る学校の転入・転学に関する手続の円滑実施、教科書の無償給与、学用品、学校給食費等の支給について弾力的かつ円滑に対応する。
カ、被災した児童・生徒の在籍する学校においては、各学年の課程の修了、卒業の認定等に当たり、進級、進学等に不利益が生じないように配慮する。
キ、被災した児童生徒の学習に著しい遅れが生じる場合、可能な限り、補充のための授業その他必要な措置を講じる。
②被災地域からの移転先で学校再開した際の、教育インフラ整備などに対する補助を講じる。
③他市町村に避難している場合、現地での保育園、幼稚園の入園に係る行政手続きを簡素化する。また被災地の保育料の軽減措置を講じる。
④被災地内における保育園、幼稚園の経営安定支援策を講じる。
⑤山村と都市の交流事業を拡充し、「国内短期留学制度」による子供の就学支援を実施する。
⑥被災地における園児・児童・生徒に対する心のケアや学習支援などのための教職員の増員、避難した園児・児童・生徒を受け入れる自治体における教職員の増員に対する必要な措置を講じる。
⑦私立学校、専修学校、各種学校等の施設の災害復旧に際し、公立か私立かによって、教育の復興に格差が生じないよう特別な措置を講じる。

⑧専門・各種学校、短期大学、大学の授業料等の減免措置を講じる。

8、課税関係の特例措置（特別立法）

①国税に関する申告、納付等の期限の延長、自治体による同様の措置について周知、徹底する。

②雑損控除及び災害減免法による所得税の減免を平成二二年分の所得税に、雑損控除を平成二三年分の個人住民税に前倒し、繰り延べ期間を五年に延長する。

③所得税の減免（家屋もしくは家財の1／2以上が被害にあった場合、五〇〇万円以下については全額免除等）が受けられる災害減免法の所得要件一、〇〇〇万円についてこれで充分か、所得要件の撤廃も含めて検討する。

④地方税の減免等（期限の延長、徴収の猶予、減免）について、各地方公共団体に通達に基づいた適切な措置が執られるよう通知するとともに、通達の個人住民税、個人事業税の減免の所得要件を一、〇〇〇万円についてこれで充分か、所得要件の撤廃も含めて検討する。

⑤住宅取得促進税制の適用（住宅ローンの残高の一％の所得控除）の特例により、家を失った場合でも控除を継続。

⑥財形住宅・年金貯蓄の目的外払出しに係る利子等の遡及課税等の特例により、非課税措置を適用。

⑦相続税・贈与税について、課税価格の計算の特例を設ける。災害減免法による減免措置の適用基準の緩和措置（家屋だけを分母としてその一定割合が被害にあった場合、損害の分が減税となる）の周知、徹底。

⑧住宅取得等資金の贈与税の特例措置について、住宅が滅失し居住できなくなった場合の住宅への居住要件の免除。また、居住要件を満たせない場合の居住期限の一年延長。

⑨事業を休止した場合の資産割に係る事業所税及び被災事業所用家屋に代替する事業所用家屋を新増設した場合の新増設に係る事業所税の減免措置。
⑩酒税関係の周知。
⑪平成二三年、二四年、二五年分の所得税において、寄付金控除の控除可能限度枠を総所得の八〇%に拡大。
また、認定NPO法人等が募集する寄付について、指定寄付金として指定した上で、税額控除制度を導入し、現在の所得控除制との選択制にする。

さらに、寄付金控除制度及び特定の自治体やNPO法人等に寄付したい場合は、〃支援金〃が有効であることを周知。
⑫津波等により実質使用不能となった土地、家屋、農地に係る固定資産税、都市計画税について市町村が指定する区域において免税。
⑬被災家屋の敷地とされていた土地について、住宅用地とみなし引き続き固定資産税及び都市計画税を軽減。
⑭被災した住宅用地に代替する土地を取得した場合、被災した住宅用地に見合う分について住宅用地とみなし、当分の間、固定資産税及び都市計画税を軽減。
⑮被災家屋に代替する家屋を取得し、又は改築した場合には被災家屋に見合う分について当分の間、固定資産税及び都市計画税を軽減。
⑯被災家屋に代わる家屋用の土地を取得した場合、従来の土地に見合う分には不動産取得税を課さない。
⑰被災家屋に代わる家屋を取得した場合、不動産取得税を課さない。

⑱滅失・損壊した自動車について、納付済み自動車重量税を還付。新たに自動車を買い替える場合、自動車取得税・自動車重量税・自動車税・軽自動車税を免除。

9、雇用対策

①被災地復興のための公共事業に被災失業者を雇用
被災地復興のために行われる各種の公共事業に、被災失業者が一定の割合（最大四〇％）で雇用されるようにするため、吸収率制度を用いた被災労働者の就労促進のための法律を制定する。（特別立法）

②被災自治体の事務・事業に被災失業者を雇用
被災自治体の行政機能低下を補うため、被災失業者の雇用の観点から特別措置を講じる。

③雇用調整助成金の特例的な適用
・災害救助法適用地域を管轄する公共職業安定所管内の事業主を支給対象事業主とする。また、震災や計画停電による事業中止や縮小等の影響を受けた事業主にも適用する。
・雇用調整助成金等の適用要件において、被災地域の事業所等、被災地域の事業所と相当の経済的関係にある事業所、計画停電の実施区域に所在する事業所は、生産量等の確認期間が直近の一ヶ月に短縮されているが、この措置を当該事業所に部品等を供給している事業所にも適用する。
・雇用調整助成金の支給額の引き上げを検討する。
・雇用調整助成金の申請書類の簡素化を図る。

④特定求職者雇用開発助成金の活用及び被災者雇用支援事業の創設

・東日本で被災した企業の雇用対策のみならず、域外に移住する人を雇用する事業主へも助成。住宅付き被災者雇入れを行った事業主への割増助成。併せて被災者雇用支援事業を創設する。
・ガレキ処理等被災地における復旧事業に被災者を雇い入れた事業主へ一定の金額を助成する。

⑤失業給付の特例支給等
被災による事業所の休業や震災の間接的影響による休業、計画停電時の休業等により賃金を受けられない場合についても基本手当てを支給。失業給付期間の延長。
⑥雇用調整助成金・中小企業緊急雇用助成金制度における「教育訓練費」について
雇用調整助成金・中小企業緊急雇用助成金制度における「教育訓練費」について不正防止の措置を講じた上で、引き下げ前の水準に戻すこと。
⑦新卒者の就職の支援
内定取り消し回避に関して事業主等に要請。
新卒内定者を雇用安定事業等の対象とする。
⑧雇用労働者への転職を余儀なくされた自営業者への支援
被災した自営業者の公共職業訓練の受講を無料とし、訓練手当て等を支給。
⑨復興事業関係労働力の養成・確保

10、滅失戸籍の再製

被災市町村において滅失した戸籍正本については、管轄法務局の保存する副本及び届出書に基づき速やかに再製すること。

11、被災者への車庫証明等の免除措置

自動車の取得に際し、車庫証明・住民票・印鑑証明等の提出を当面免除する等、特別の措置を講ずる。

12、被災者等による農地転用の手続きを緩和する

13、消費者の資金ニーズへの備え

①分割支払いによるクレジットを利用して、生活再建のための商品を購入した消費者の分割手数料の減免が出来るように措置を講じるとともに、クレジットカード会社に対し、分割手数料の減免による収入減を補塡が出来るような措置を講じる。

②被災地域のカード会社では、カード会員からの支払いが受けられないケースが考えられるため、借入資金の返済について、返済猶予と金利の減免措置を早急に講じる。

③事業再生計画に基づく借入金返済猶予及び猶予期間の金利減免措置を講じる。

④被災者延滞債権を所定ルールに基づき正常債権として位置づける。

⑤被災者延滞債権償却に対する特別措置を講じる。

⑥緊急性の高い小口資金融資の緩和措置を講じる。

14、被災者向け臨時FM局を開設する（総務省・被災県）

15、震災遺児支援対策

震災遺児が安心して生活し成長できるよう児童養護施設の拡充や全寮制学校、里親制度の充実強化等をはじめきめ細やかな各般の対策を講じる。

16、募金・義援金等の配分の迅速化

寄付金、見舞金、義援金、募金等について、一刻も早く被災者に適切に配分されるよう必要な措置を講じる。

17、被災者支援策の周知徹底

実施されつつある被災者支援策等についての広報も含め被災者への周知徹底を図る。

18、ボランティアのマッチング

国・県において、必要な地域に必要なボランティアが配置されるようマッチングを図る。

19、携帯電話対策

①携帯電話の利用料金がかさむ被災者に対し、料金の割引措置を講じる。

②余震発生直後の携帯電話通話回線を強化する方策を検討すること。

20、動物救護活動に対する支援

①動物愛護管理法に基づき、被災地自治体主導による動物救護活動を実施し、その取り組みについて、活動資金の提供等の支援措置を講じる。

②避難者が帯同する被災動物について、避難者を受け入れる自治体営の動物愛護管理センターにおける積極的な保護預かりの実施。

③被災地における応急の巡回診療提供体制確保のため、被災獣医師に対する動物用医薬品・医療用具、その他診療用車両などの往診用診療器具・器材の供給。

④被災者が居住することとなる仮設住宅をはじめ被災者の救護施設における条件付きの動物飼育の許可及び保護預かり施設の設置。

【V】応急仮設住宅の建設促進

(1)政府自ら調整機能を果たし、必要戸数の把握、目標戸数・完成目標時期の設定、資材の調達、用地の確保、要員の確保に努め、事業全般をサポートする。
(2)着工・着手の期限について、現実を踏まえ特別通知等で明示する。
(3)応急仮設住宅メーカーだけでなく、他の住宅産業界にも協力を依頼。
(4)用地について各省庁から国有地等を提供、経済団体を通じて地元企業から提供を推進する。併せて、民有地の積極活用を図る。
(5)政府担当部局と建設会社代表による「応急仮設住宅建設推進会議」を開催し、建設目標や段取りを確認。
(6)大臣特命室より担当官を現地に派遣、進捗状況の把握、建設促進にあたる。
(7)仮設住宅のバリアフリー化を図る。
(8)仮設住宅の建設事業に被災者を優先雇用する。

【Ⅵ】ライフラインの復旧

1、電気の復旧

①全国の電力会社、工事協力会社から応援要員、送電・変電用資機材を投入。
②配電設備の復旧は、病院、避難所、警察、消防など、送電が特に急がれる個所を優先。
③耐震設計面の強化と同時に送電系統などを二重化する。
④送電を急ぐために、すべて架空線で応急措置を講じる。

2、ガスの復旧

応急的な手当てで応急復旧させることはできず、安全を優先しながら確実に直す必要がある。ガス管に流入した土砂等を除去する必要があり、電気に比べて復旧に時間を要する。

①全国のガス会社から要員を動員。
②復旧作業の拠点となる前進基地を各地に確保。
③大きな地震を感知すると自動的にガスを遮断する機能を備えたマイコンメーターを普及促進する。
④腐食や地震に強いポリエチレン管やメカニカル継手を普及促進する。
⑤供給停止を行うブロックを細分化する。

3、鉄道の復旧

①単なる復旧でなく、建設時より強度を高くし、復旧後の安全を確保する。
②列車線と電車線のつなぎ替えや逆線運転、仮設ホーム・仮駅の設置など、従来にない発想で使用可能な線路を最大限活用する。
③不通区間の段階的な開通に対応し、ダイヤ改正を頻繁に行う。
④バスによる代替輸送と、そのための応援要員を確保する。

【Ⅶ】産業の復興

国の責任で「きずな基金」を創設し、諸制度の狭間で行き届かない分野についてきめ細かい被災事業者への支援を実施する。

1、復旧復興への支援

①復旧復興に向けた産業振興として、新事業を開発する取り組みのプロジェクトリーダーとして貢献できる人材を派遣するとともに、部品調達等に対するマッチング等ソフト面での支援

施策の充実・強化する。

②地域の中小企業が、自治体とともに一体となって進める再建事業に参加する中小・小規模企業の復興投資に補助を行う。なお、その復興投資には地域の中核となって参画する大企業にも必要に応じ一部補助を行うことを検討する。

2、被災企業支援――助成・低利・ゼロ金利融資の充実・強化

①今回震災の影響を受けた事業者の救済措置に関する特例法を創設し、基金を設けて利子補給を実施、事業再開資金の給付・補助、無利子貸付等を行う。

②激甚災害法上の被害を直接被害、間接被害（被災工場の取引先等）を含め、激甚法被災地区での雇用等を勘案して補助要綱を改訂。

③中小企業信用保険法（保証協会）の改正等、「震災特別保証」としてセーフティーネット保証と別枠で設定して、貸付保証枠の拡大を行うとともに、指定業種の特例措置や認定要件の大幅な緩和（直接被害のみならず、風評被害・計画停電等の間接被害・三次被害も対象）も行い、融資枠を超拡大する。
直接被害中小企業・小規模事業者については、無担保・無保証人融資を可能とし、保証料を免除。その他についても保証料を軽減する。

④政策金融公庫の災害復旧貸付、商工中金の危機対応業務の事業規模の大幅な拡充、間接被害・三次被害への幅広い適用、貸付限度額の拡大・貸付上限の緩和を行う。

⑤災害復旧融資制度の創設
生鮮食料品を扱う大規模小売店舗、食料品関連産業に係る施設、広範な下請企業や取引先を有し、その復旧の遅れが被災地域の復興にとって大きな障害となる被災製造企業等について

は日本政策金融公庫を活用し、財投資金を原資とした「危機対応融資」の新たな枠を設定し、貸付額を倍増する。金利は実質ゼロ金利とし、このため必要な利子補給の予算措置を行う。

⑥マル経融資について

被災事業者について融資限度額（一、五〇〇万円）の拡大、据置期間・貸付期間の延長、金利の更なる引き下げを行う。

3、地域金融機関の基盤強化

地域金融機関が、中小企業・小規模事業者の金融支援に万全な対応を図るという自らの機能を確実に果たすための基盤強化の枠組みを、早急に講じる。

4、経営相談の実施

①中小企業の支援を行う商工会等の仮設事務所の整備、巡回相談体制（車購入支援等）を早急に整備すること。

②被災地域における商工会議所・商工会等の機能の復旧に対する国からの強力な支援を行い、地域支援、経営支援機能をもつ経済団体への事業機能の維持・整備を図る。

③政府が講じた施策について、商工会議所等の経済団体に対して迅速に情報提供するとともに、加盟企業・非加盟企業に対しての周知を図れるような態勢を整える。

5、仮設工場・仮設店舗等の整備促進

地方公共団体、第三セクターに無利子融資。償還期間二十年、据置期間五年。

6、事業の早期再開に向けた環境整備

①物流機能の早期回復

②基幹港（仙台港等）及び背後地（倉庫団地等）の早期機能回復に向けた国の支援
③通信インフラの早急な整備
④石油関連設備（製油所・油槽所等）の機能維持
⑤小規模事業者支援に必要な物資及び活動拠点の整備に対する支援
⑥関係諸資材の供給円滑化に関する行政指導
⑦燃料の確保、特に業務用燃料（軽油、灯油、重油等）の優先的な配慮、被災地S・Sの復旧と資金繰り支援
⑧下請け中小企業の工業団地等への早期移転の支援

7、既往債務の負担軽減、災害復旧高度化事業の拡充

①金融機関に対して、被災した中小・小規模事業者からの貸付条件の変更等の申し込みについて、積極的な対応を行うよう一層の徹底に務めること。（実質的な支払猶予（モラトリアム）の実施）
②未決済手形・小切手の決済猶予を当面継続し、振出人・受取人双方につき、超低利の決済資金貸付を創設・実行。
③災害復旧高度化事業の据置期間を延長。
④中小企業倒産防止共済の共済金貸付限度額を引き上げ、貸付期間を延長。

8、農林水産業融資の充実・強化

貸付利率引き下げ、貸付限度額引き上げ、償還期限・据置期間の延長等。

9、卸売市場の緊急整備

中央卸売市場の災害復旧制度の創設　国庫補助2／3（財政援助一括法）

10、被災企業等の被害に対する税制上の対応

①法人税の繰戻し還付

法人において震災損失金額の全額について二～五年間まで遡って繰り戻し還付。発災後一年の間に仮決算の中間申告により繰り戻し還付。

②法人の利子・配当等に係る源泉所得税額の還付

震災損失額を限度として、利子・配当等につき源泉徴収された所得税額のうち法人税額から控除しきれなかった部分を還付。

③設備投資に係る特別償却等

被災企業の設備投資に係る特別償却、買換え特例の実施。

④被災事業用資産の損失の還付等

被災事業用資産の損失の必要経費への算入。

青色申告者については、被災事業用資産以外の損失を含め、二二年分所得で純損失が生じた場合、二一年分所得への繰り戻し還付。

被災事業用資産の損失による純損失を繰り越し可能期間五年。

個人住民税も同様とする。

⑤法人事業税、法人住民税について条例の定めるところにより災害減免措置を講じる。

⑥滅失・損壊した償却資産の所有者等が被災地域において償却資産の代替資産を取得し、または改良した場合には課税標準を軽減。

⑦災害に伴い耕作が困難となった農地についての納税猶予を継続すると共に非上場株式等の納税猶予制度の適用要件を緩和する。

⑧災害減免制度の適用・手続きを簡素化する。
⑨被災した取引先に対する売掛金や貸付金等を免除した場合には、貸倒損失として弾力的に損金算入できるようにする。

11、間接被害・三次被害等への対応

①被災企業の取引先倒産、全国的な物資・資材（特に建築資材）の逼迫、震災に起因した行事・旅行等のキャンセルによる三次被害に関して特別措置を講じる。特に資金繰りについて万全の措置を講じる。（再掲）
②大震災に起因する行事等の自粛については、経済活動全般に考慮しかつ被災地の要望も踏まえ、改善を図ることが望まれる。その際、被災地支援のためのチャリティーを加味する機運のさらなる喚起が期待される。
③震災の及ぼす全国的影響に配慮し、中小企業への積極的支援策を講じる。

12、三月期決算・株主総会対策

①全般：金融商品時価会計の一時凍結等暫定措置
　期末棚卸の簡素化、免除及び会計士立会いの省略
②金融取引法関連：有価証券報告書提出期限の延長
③会社法関連：被災地大会社への会計士訪問の自粛と監査の簡素化
　決算取締役会の時期、定数規定の緩和
④取締役会決議による定時株主総会開催延期・議決権行使基準日設定変更の周知・徹底。

13、法人に対する破産手続きの開始決定の特例の周知、徹底

14、民事調停の申立て手数料の特例の周知、徹底

15、公正な取引環境の徹底

災害の発生に乗じた不適切な取引を防止するため、市場の厳格な監視を行う。

【Ⅷ】生活・産業インフラの復旧等の支援

1、ガレキ処理に対して国の特別負担、自衛隊による特別支援

①全半壊・一部崩壊家屋等も含めて家屋等の解体・撤去は全て公費で賄う。
②自治体の要請に基づいて、家屋等の解体、撤去、搬送に自衛隊が協力する。
③公私の区別無く、宗教施設も含め、全て公費の対象とする。
④災害救助法を改正し、都道府県においてガレキ等の処理が行えるようにするとともに、費用は被災自治体負担が生じないようにする。
⑤政府の「損壊家屋等の撤去等に関する指針」を周知徹底する。
⑥ガレキ撤去に際しては、被災者の心情や文化財の保護等に配慮しつつ行う。
⑦災害復旧において境界標識を保存するよう努める。
⑧沈没漁船等の海のガレキに対しても同様の対策を講じる。

2、インフラ復興のための新たな補助制度等の導入

激甚災害の指定による公共施設の復旧事業に対する国庫負担の引き上げに加え、インフラ復興のための新たな補助制度を導入する。その際、地方負担分については、補助割合等を再検討し、被災自治体の負担が実質的に生じないようにする。その際、措置について被災自治体に周知の上、被災自治体が安心して事業ができるよう対応を図る。

①公園、街路、都市排水施設、上水道、一般廃棄物処理施設、交通安全施設、改良住宅等につ

いて、補助率を現行の1／2から8／10に引き上げる。

②激甚法の対象にならない社会福祉施設については、補助率を現行の1／2から2／3に引き上げる。

③公立病院については補助率を2／3に引き上げる。

④政策医療を担う民間病院については、新たに国の補助を導入し補助率を2／3とする。

⑤港湾の付属施設、荷役機械、環境整備施設等は、立法措置により特段の補助及び無利子貸付の措置を行う。

⑥工業用水道については、新たに国の補助を導入し、被災県内の工業用水道事業は補助率八〇%とする。

⑦鉄道施設については、通常1／4の補助率を1／2に嵩上げし、鉄道軌道整備法上の補助要件（赤字要件）の緩和及び低利融資を行う。

⑧空港については、通常8／10の補助率を9／10に嵩上げ。

⑨津波により港湾内に沈没した船舶、自動車等の引揚、処理に対する補助制度の創設。沈廃船については、通常1／3の補助率を2／3に嵩上げ。

⑩交通事業施設（空港ターミナルビル、船舶・旅客施設、造船施設、バス事業・貨物運送事業の施設）については、補助率2／3の創設。

⑪道路、河川、港湾等の公共施設の災害復旧については、激震災害制度により対応。

3、交通・物流ネットワークの復旧・復興

被災地域の交通・物流ネットワーク（三セク鉄道、バス、離島航路、物流拠点）の復旧・復興に向けて支援の拡充を図る。

4、農林水産業関連の災害復旧計画提出期限・計画期間の延長

被災により自治体行政機能が大きく損なわれたことや被害が甚大に及んだことに鑑み、市町村が提出する農地・農業用水路・漁港などの農林水産業関連の災害復旧計画に関して、提出期限（災害発生生後六〇日以内）を延長すると共に、計画期間（原則三年）を延長する。

5、災害復旧融資制度の創設

電力、ガス、鉄道、通信に係る被災施設の復旧に対して、政府系金融機関による低利融資制度を創設。

6、被災建設土木業の復旧

被災地の建設土木業は自らが甚大な被害を受けているにも関わらず、発生直後より復旧作業を行っている。これらの企業及び被災地の雇用の確保のため、必要な措置を講じる。特に、滅失した工事目的物、仮設物、搬入済み資材、建設機械・機具等に損害が生じた場合、現行の公共工事標準請負約款によるとリース企業に過大な負担が生じるため、必要な支援措置を講じる。

今後の復旧・復興にあたっては、地元企業の優先発注・活用を行う。

7、地元事業者の優先受注

①被災地域の復旧・復興事業に関し、地元事業者への優先発注を徹底するとともに、被災地域の物産の販売促進を支援する。

②今回被災した企業が既に受注し契約を取り交わした官公庁関連の納期等の契約履行に関して、個々の企業事情を勘案の上、格段の配慮を行う。

③今回の災害の状況を鑑み、民間取引についても納期等の契約条項の弾力的運用に関する政府通達等を発布する。

8、生活・事業活動の復旧等への税制上の対応

①被災者向け優良賃貸住宅の割増償却。

②被災区域内の土地等を譲渡ないし取得する場合、原則として一〇〇%の割合により、圧縮記帳による課税の繰り延べ。

③被災した建物、機械装置、構築物、船舶、航空機、車両の代替資産又は被災区域等において取得する一定の建物、構築物、機械装置につき、特別償却。

④買換え特例に係る買換え資産の取得期間を二年まで延長。

⑤大震災により滅失・損壊した工場、事務所等の建物に代えて取得する建物及びその敷地に供する土地につき、所有権の保存・移転登記、その取得資金の抵当権の設定登記に係る登録免許税を免除。

⑥滅失・損壊した船舶、航空機を再建造又は新たな取得時における保存登記に対する登録免許税を免除。

⑦政府系金融機関等が被災者等を対象として行う設備資金等の特別貸付に関して作成される消費貸借に関する契約書について、印紙税を課さない。

⑧滅失・損壊した建物の代替建物、敷地に供する土地の取得、損壊した建物の修繕に係る建設工事の請負契約書・不動産の売買契約書に係る印紙税を非課税。

⑨大震災により滅失、倒壊した事業用家屋・償却資産の所有者が、これに代わるものを取得した場合に、固定資産税を長期にわたり軽減。

⑩津波等により実質使用不能となった土地、家屋、農地の固定資産税、都市計画税について市町村が指定する区域において免税。（再掲）

9、共同住宅等の復旧に関する特例

①被災者たる借家人は、新たに建築された賃貸物件に優先的に借家権を得ることとする。借地人において借地上の建物を登記する事によって借地権を確保していた場合、建物が滅失しても借地権が失われることがないよう五年間確保される。

②借地権の残存期間が政令施行の日が十年未満の場合、十年間に延長される。

10、不動産の権利の保護

紛失権利証（登記済証・登記識別情報通知書）再発行の検討と不正登記防止中立制度の周知・徹底。

11、地籍調査や防災集団移転促進事業における自治体の負担軽減

①被災地域における地籍調査や防災集団移転促進事業については、税制特例・事業要件の緩和等により、被災自治体に実質負担がかからないようにする。

（防災集団移転促進事業については、補助率を3／4から9／10に嵩上げ）

②復旧のための地籍調査等を国の責任において助成するとともに、これに役立てるため、衛星画像を活用するためのG空間情報データセンター（仮称）を設置する。

12、廃棄物の処理、環境影響評価等

①災害ゴミ（ガレキ等）については、震災廃棄物対策指針（平成十年十月）において市町村の責任とされているが、これを国及び県の責任で行うこととする。その際、資源ゴミ等のリサイクルを積極的に活用する。

②国及び県の責任において災害ゴミの捨て場を確保する。

③し尿処理については、国及び県の責任において処理を行い、速やかに合併浄化槽などを設置

する。

④環境アセスメントの対象事業十三事業のうち、災害復旧にあたって、必要不可欠、かつ緊急を要するものに関しては、同法が定める一部手続きの簡略化、省略化を認める。

⑤ガレキ撤去に際しては、アスベスト対策を講じる。

⑥ゴミ処理のための集積場において産業廃棄物業者による不法投棄に対応するための警官の増員等の措置を講じる。

⑦今後、上水道の復旧とともに下水道にさらに負担が掛かることが予想されることを踏まえ、国が自治体と一緒になって早期復旧に努める。

⑧被災地の衛生管理、防疫のため、消毒等を徹底する。

【Ⅸ】農業・農村支援対策

1、立法措置が必要な事項

(1) 農林漁業・農山漁村復興再生特別措置法の制定

①復興再生のための理念や特別の措置を定める必要性とともに、関係法律が多岐にわたることも考慮し、「農林漁業及び農山漁村の東日本大震災からの復興再生のための特別措置法」（仮称）を制定すること。

②目的、理念、関係者の責務、復興再生計画、特別な措置等について定めること。

③被災地域の復興再生計画の策定に当たっては、我が国農林漁業における被災地域の位置づけと復興へのマスタープランを明確にし、地域や関係団体等の意向も踏まえ、万全の措置を講じること。

④激甚災害法や原子力損害賠償法などの既存の法律で対応できない事態に十分対応できる法律とすること。

⑤被災者救済のための基金を設置し、農林漁業経営再開資金の給付、補助、無利子貸付等を行なうこと。

(2) 農地関係

①津波被害による塩害対策や灌漑施設の地盤沈下等に対応し、農地の復旧や新施設設置についての特段の支援措置を講じる。

②農業・農村の振興に向けた農地基盤再生対策

・農地再生計画等の策定

・復旧不可能農地等について国による特例措置

・天災融資法の改正・発動

③復旧再生のため、農地と市街地との線引きの見直しや換地等が可能となるよう、土地改良法と都市計画法を一体的に運用するための見直しを行うこと。

④土地改良法を改正し、事業計画と換地に係る2／3の同意要件を大幅に緩和すること。（第八五条関係）（津波被害を受けた地域などにおいては所有者が死亡もしくは行方不明となっている地域もある）

⑤区画整理事業を激甚災害法の対象とすること。（農地の復旧は原形復旧が原則となっているが、原形復旧が意味をなさなくなった地域もあり、区画整理方式によらざるを得ない）

⑥災害復旧事業の期間を三年間ではなく、さらに長期とすること。（復旧を急ぐことはもちろんであるが、液状化現象など被害が大規模・広範囲に及び、復旧事業の長期化が想定される）

⑦農地や水路、共同利用施設等の復旧に当たっては、国庫補助の嵩上げなどを含め、被災自治体や農家の実質的負担が伴わないよう万全の措置を講じること。
⑧土壌の除塩・放射性物質の処理について、新たに災害復旧事業の対象とすること。特に、除塩については緊急的に補助率のかさ上げ措置を講じること。
⑨農地の放射性物質による被害は長期かつ広範囲に及ぶと想定されることから、その復旧については、原子力災害対策特別措置法に基づき原因者負担を伴なう新たな仕組みを創設すること。（カドミによる土壌汚染復元事業を参考にすること）
⑩被害農地をいったん公有化し、土地改良事業を実施した上で農地を貸し出すリース方式の事業等を創設すること。（諫早湾干拓事業の農地リース方式等を参考にすること）

(3) 農業経営関係
①「激甚法」及び「天災による被害農林漁業者等に対する資金の融通に関する暫定措置法」について、対象の拡大、融資限度額の引き上げ、償還期間の延長などの特例措置を講じること。
②農業関係債務の免除及び国による債権の買い取りについて、貸し倒れ引き当てなど十分な資金手当を講じること。（今回の災害により全てを失って離農せざるを得ない農業者、死亡あるいは行方不明となっている農業者も多く存在する）
③被災地域の農協、漁協等について、合併を支援する新たな法的枠組みを創設すること。

(4) その他
①農業者年金、制度金融及び農の雇用事業等各種制度・事業について特例措置を講じること。
②農業者年金の保険料納付免除や追納措置、国庫補助保険料の継続などについて法的措置を講じること。

③農業委員会法の改正により、被災地域における農業委員選挙の延期、委員の任期の延長を可能とする措置を講じること。（今年七月に三年ごとの改選時期を迎える地域が全国で約六割を占める）

④卸売市場法を改正し、中央卸売市場の災害復旧について補助率を2／3にかさ上げすること。また、地方卸売市場に対しても阪神淡路大震災と同様の措置を講じること。

2、税制特例が必要な事項

①納税猶予対象農地の取り扱いについて、経営再開が困難になった被災農地については経営廃止や耕作放棄と見なす期限の確定を行なわないこと。

②被災農地を譲渡ないし取得した場合、譲渡所得に対する特別控除の引き上げと一〇〇％の圧縮記帳による課税繰り延べ措置を講じること。

③被災農地や被災倉庫等に係る固定資産税の免除及び登録免許税の減免措置を講じること。

④建物、構築物、機械装置等について特別償却を認めること。

⑤津波被害を受けた農地について、開墾地免税制度を参考に、被害農地で生じた農業所得に対しては、当面の間（五年程度）非課税とすること。

⑥被災ＪＡ等長期にわたる復旧・復興の支援のため、全国のＪＡ等が拠出する分担金や支援物資を提供した場合には、損金算入を認めるなど特例措置を講じること。また、ＪＡ役職員や農家組合員などが実施している募金等について、特定寄付金に準じた扱いにすること。

⑦貸出金や購買未収金等に係る所要の引当金に対する無税償却・税額控除など、協同組合組織に対し被災に伴う各種の税制特例を講じること。

3、金融支援が必要な事項

①農業経営の再開が困難な農業者の既往債務の償還について、償還金の減免措置を講じること。
②被災者の運転資金及び経営再開資金について、据置期間、融資期間、貸付期間、貸付限度額等に十分配慮した融資制度により手当てすること。
③農業共済の損害評価の簡素化、再保険の早期支払い、共済金の迅速な支払いと掛け金の支払い猶予措置を講じること。また、塩害地域における土壌分析結果から作付け可能となった場合においては、農業共済の引き受け対象となるよう配慮すること。
④生乳廃棄を余儀なくされている酪農家等の経営を維持するため、一時金の支出や無利子化の措置を講じること。
⑤地震・津波災害や放射性物質に係る出荷規制を受けた農家等について、万全な資金繰り対策を講じること。
⑥JA等の農林水産団体についても、中小企業と同様に、保証保険制度の拡充（信用保証協会一〇〇%保証の継続、農業信用基金協会の一〇〇%再保険適用など）により、金融機能の円滑化に努めること。

4、その他予算措置が必要な事項

①各種交付金の要件の緩和と被災地への特例措置を講じること。
②春からの営農に必要な用水路等施設の補修や、肥料・農薬・種子・育苗用資材等、生産資材の製造・配送に必要な重油や輸送燃料等を確保すること。
③米の円滑な流通及び備蓄対策の見直し。
④復元後、減収・品質劣化が生じることが想定されるので、栽培技術・販売等についての支援を講じること。

⑤農地基本台帳等が消失した市町村における今後の事務処理と再作成費用の支援を講じること。
⑥地域復興の要である農業団体（農協、農業共済組合、農業委員会、土地改良組合等）等への支援を強化すること。
⑦地震の影響により、家畜市場の開催中止が長期間に及んだ場合、出荷が遅延した子牛の飼料代等を助成すること。
⑧被災による影響で、食肉・食鳥処理場が稼動停止等の場合、飼料代や出荷遅延による損害についても特別支援すること。
⑨飼料や燃料の不足により死滅する鶏が多発するなど採卵養鶏・ブロイラー農家に対して特別支援すること。
⑩出荷制限中に、安定供給を名目に海外から安価な乳製品を輸入することは、国内産地の需給に非常に重大な影響を及ぼすことから、安易に行わないこと。
⑪農業、林業、漁業、食品・木材産業において、復興に必要なパイロット的事業に対し、迅速に対応できる「速決型定額補助金」を創設すること。
⑫農業者の経営再開に向け、万全の支援措置を講じること。
⑬災害復興再生事業を創設し、被災した個人農業者についても対象とした上で、トラクター、自脱式コンバイン、園芸温室等復興に必要な施設について支援措置を講じること。
⑭農山漁村で被災者を受け入れる際の取組について支援策を講じること。居住地を移して農業経営の再開を希望する農業者に対しては、農地、住居等の提供に努めること。（全国にある農山漁家、農業経営体、水産会社、地域の中小企業等の資産を活用すれば、仮設住宅だけの支援に比べ、生活の面からも財政的にも有効）

⑮夏場の電力規制に備え、酪農家など電力を多く使用する農家に対し、自家発電機の購入に対する支援措置を講じること。
⑯放射性物質の測定のための機器の整備について、支援措置を講じること。
⑰農地基本台帳は農地の権利関係の全てを記述しており、今後、この台帳が消失した市町村においては膨大な事務が必要となることから、事務処理と台帳の再作成費用について支援措置を講じること。その際、水土里情報等の活用に努めること。
⑱原発事故の影響を受け、休業や制限区域外での営業を余儀なくされているＪＡ等について、雇用調整助成金の対象とすること。

5、補償が必要な事項

①米の生産目標数量の配分に当たっては、明確な方針のもと、早急に決定すること。見直しや風評被害に伴う補償等については万全の措置を講じること。また、他地域との間で調整することで必要となる種子籾の確保について支援を行うこと。二三年産の備蓄米として既に契約している米については、主食用米の確保を優先する観点から、調整しきれない数量について特例的に免責できるよう配慮すること。
②津波被害を受けた農地では数年間にわたり作付け不能の恐れがあることから、休業補償措置を講じること。
③原子力損害賠償紛争審査会を立ち上げ、補償に関する方針や対象範囲を早期に具体化すること。
④放射性物質に係る出荷規制を受けた農家等について、避難者に対する補償と同様の補償措置を講じること。

⑤原発の被害について、入荷拒否や価格下落等、風評被害の補償を含め、農畜産物に対する万全の補償措置と一時金の支払いを実施すること。

6、その他必要な事項

①下記の事業等に必要な電力・水・燃料等を確保すること。

・営農ならびに集出荷場、選果場の稼働や輸送

・畜産酪農、飼料、家畜輸送、集乳車

・飼料工場・飼料のストックポイントや港湾施設・サイロ・倉庫

・食肉・食鳥処理場や鶏卵GPセンター等

・屠場・レンダリング施設

②地震の混乱により、安全な防疫体制が取れないため、口蹄疫や高病原性鳥インフルエンザ等の家畜伝染病の発生及び蔓延が危惧される。そのため官民挙げて万全の防疫体制が取れるよう、全力を尽くすこと。

③乳牛工場への原乳受入ができるようにするため、紙パック等資材について、確保すること。

④飼料不足や余震のストレス等による乳量減や乳質の低下に対しても特別支援すること。

⑤生乳の自主廃棄を強制されている区域において、産業廃棄物車での集乳、下水道への廃棄などの緊急対策を実施すること。

⑥夏場の需給ひっ迫に対応するため、被災していない都道府県での生乳増産に努めること。

⑦土地改良関係

ア、農地の復旧事業においては、事前着工など弾力的な対応に努めること。また、都道府県の技術者の活用に努めること。

イ、被災により土地改良事業負担金の償還が困難となった負担金の支払い猶予及び無利子化措置。
ウ、今回の災害復旧事業に当たり換地事務が必要となる場合、換地事務を補助対象とすること。
エ、経常賦課金の徴収が困難となった土地改良区への支援。
オ、賦課台帳を逸失した土地改良区など、事務所体制の整備に対する支援。
⑧ＪＡ等が農業倉庫で集荷・保管していた二一～二二年産米が浸水により販売できなくなっている「農家から販売委託された米穀」について、農家支援の観点からの補償支援を行うこと。
また、損害補償のない大豆などの保管農産物、種子、農機、配送資材等に対する補償を行うこと。
⑨被災地域の農業共済組合に対する支援措置を講じること。
⑩農地復元後、減収や品質劣化が生じる恐れがあることから、栽培技術の普及に努めること。
また、改良普及事業への支援に努めること。
⑪風評被害防止のため、原産地表示を細分化するなど、適切に対応すること。
⑫日本からの農水産物の輸入規制を実施している国に対し、事実関係と我が国の取り組みについて十分な理解を求めること。安全証明書の発行について早急に検討すること。
⑬被災地の厚生連病院においては員外利用制限の適用を除外することとし、その周知に努めること。

【X】林業・山村支援対策

1、緊急対応

①被害の甚大な海岸林や治山施設、林道など被害状況の早急な把握と復興に努めること。その際、改正森林法による行政の立ち入り調査、土地の使用権設定に関する新たな仕組み等を活用すること。

②仮設住宅用地やがれき一時置場として利用可能な国有林野所有国有地を提供すること。

③仮設住宅建設に必要な大量の杭丸太用原木を国有林から迅速に供給すること。

④復旧・復興に必要な木材の安定供給のため、関係業界と密接に連携し、国産木材の確保と価格の安定に努めること。

⑤仮設住宅に必要不可欠な合板について、被災した関連企業に対する支援、国産合板の安定供給に努めること。

⑥合板に関する投機的行為の防止、非ＪＡＳ製品の乱用防止（シックハウス対策）、合板原木の確保・運搬に努めること。

⑦合板等の木材製造用機械等の再整備に特別の支援策を講じること。

⑧林業・木材産業への金融・保証支援を行うこと。

⑨林産物の流通・消費へ無用な混乱が生じないよう適切な対応に努めること。

⑩被災地の森林組合等、林業事業体の復興活動を支援すること。

2、復興再生に向けた新たな取り組み

①ガレキに含まれる大量の木質系災害廃棄物（推定五〇〇万トン以上）を木質系バイオマス発

電等に有効利用すること。（一般廃棄物として処理するよりも、環境対策としても費用対効果の面からも有効）

②売電収入により運営費用をまかなうことを原則とし、ドイツの例を参考に、発電種別（小水力、バイオマス、太陽光など）や規模別（地域の小規模のものは高く設定）に売電単価を設定すること。（再生可能エネルギー電力固定価格買い取り法の修正）

【XI】漁業・漁村支援対策

1、再編を目指すマスタープランの策定

①被災地は日本の水揚げの約四分の一を占める我が国水産業の中心的な地域である。被災地における漁業・養殖業の再生、復興は水産食料の安定供給にとり欠かせないことに鑑み、地域水産業の再編の姿をマスタープランとして作成すべきである。

②その際、従来の枠組みにとらわれず、国が全面的に支援する新たなスキームと十分な予算措置を講じるべきである。

2、放射能汚染水への対応

放射能汚染水の海への放出は、漁業関係者を無視し無責任に行われ、我が国漁業に多大な影響を及ぼした。二度とこのような事態がないように周知徹底を図るとともに、放出による影響を幅広く調査し情報を開示すべきである。

3、緊急な対応が必要なもの

①本格復旧・復興の着手に必要な被害状況調査。

②地域水産業再編のマスタープランの早急な策定（地元との十分な協議が必要）。

③漁港、漁場に係る漁船等海底障害物の国による撤去、処理。沿岸域を含めた資源・漁場環境調査の早急な実施。
④日本の漁業全体を俯瞰した漁船・漁具等の国による斡旋の実施と取得費用の助成。
⑤改修・修理等で早期に使用可能となる漁船・漁具〈定置網含む〉・養殖施設・荷さばき所・製氷冷凍冷蔵施設等の共同利用施設、加工施設、造船所等の復旧・整備。
⑥激甚災害法に基づく漁場・インフラ復旧の早期実施。
⑦漁業共済・漁船保険の早期支払いと国による財源の確保。
⑧事業再開のための無利子・無担保・無保証・長期融資制度の創設（信用保証の拡充強化）。
⑨既往債務の特例措置。
⑩漁協の再建に対する支援。
⑪海底障害物処理事業等への被災漁業者の緊急雇用。
⑫漁業集落の地盤嵩上げ等漁村再建に対する支援。
⑬出荷自粛や風評被害により被害を受けた漁業者や関係事業者に対して、万全の補償を行うこと。

4、漁場復旧・インフラ整備

①現行制度の拡充
・激甚災害法の補助率等を検討し、被災自治体の負担が実質的に生じないようにする。
・漁業活動にとって不可欠な荷さばき所、製氷冷凍冷蔵施設、共同作業場、養殖施設等の共同利用施設の災害復旧について、地方公共団体の所有するものも「暫定法」の対象とする（政令改正で対応可）。

・災害関連漁業集落環境施設復旧事業の補助率の引き上げ等により被災自治体の負担が実質的に生じないようにする。

②新たな制度の創設

・漁船等海底障害物の国による撤去、処理（海のガレキ処理）。

・水産関係施設の冷凍冷蔵庫にある水産物等の処理について、その作業に被災者を雇用することを含め、特段の措置を講ずる。

5、漁船・漁具・養殖施設等漁業資材の新造、流通・加工施設等の整備

①現行制度の拡充

・もうかる漁業事業（大中まき網、サンマ大型漁船など）を拡充するなど被災漁船の代船建造を促進。

・激甚災害法の改正による補助対象等の拡大・充実（小型漁船のトン数五トン上限撤廃等）。

②新たな制度の創設

・冷凍冷蔵庫・加工施設・漁船等の再建に対する助成（又は無償リース）。

・漁業者の活動拠点である漁協事務所及び漁協所有の施設・タンクローリー・フォークリフト・トラック等の被害に対する国の支援。

・漁協自営・共同利用体による漁船・漁具（定置網含む）・養殖施設等への支援（国の責任での復旧や無償リースなど）。

・民間の加工・製氷・冷凍・冷蔵施設・造船所等への国による支援。

6、金融・保険

①漁業共済・漁船保険に係る国の支援

・被災漁業者の後年度掛金負担増、補償水準低下とならないよう対応。

②被災漁協等への支援

・債務超過に陥る漁協への特別の措置。

・震災損失繰延資産勘定等の長期に亘る均等処理の適用とすること（二十年）。

7、被災漁業者の雇用対策

復旧・復興事業に係る被災漁業者の活用

・復旧・復興事業への雇用。

・休漁漁業者の活用事業の創設。

8、共同経営・漁協自営方式による水産業復興支援

被災漁業者の漁協自営・共同経営体への雇入れ方式による地域水産業復興への支援。

9、「がんばろう水産業復興基金」の創設

水産業復興のために、地域に応じた柔軟な対応を図るための基金（全額国費による取崩し型の基金）。

【XII】その他

1、地方交付税の加算

①平成二三年度補正予算の編成に伴い、地方交付税を大幅に加算。

②税制上の特例措置に伴う税収減に関わらず、地方交付税の減額を行わない。

2、揮発油税等のトリガー条項の廃止

最近の石油需給のひっ迫等に鑑み、被災地の混乱の回避、財源の確保等のため、揮発油税等に係るトリガー条項を廃止する。

3、宝くじ等の活用

復興宝くじの販売、復興競馬の実施、復興競輪・オートレースの実施、復興モーターボート競争の実施し、収益金を被災者・事業者支援に活用する。

4、被災地の地デジ対策等

①七月のアナログ停波、地デジスタートが計画通りにいくのか、早急な調査が必要。完全実施日程を変えないとすれば被災地のアンテナ対策、支援措置を早急に打ち出すべき。

②被災地域においてアナログ放送を延期する場合に、アナログ放送設備の維持等に係る費用を国が負担する。

5、救援活動等に従事する自衛隊、警察官、消防士等への対応

①救援活動や危険業務等に従事している自衛隊、警察官、消防士等の手当て、装備・装具、燃料・食料・物資等の充実確保。

②死亡者の対応にあたる自衛隊員・消防隊員・警察官・歯科医などの勤務体系の改善を図るとともに、カウンセラーの常設、休養施設の設置など心身のケアを図る。

③被災地で活動中に災害に遭った消防団員への十分な補償がなされるよう消防団員等公務災害補償等共済基金を大幅に増額する。

④予備自衛官制度を見直し、民間人の登用制度の確立を図る。

6、被災した自衛隊施設の復旧

航空自衛隊松島基地の改修及び被災した航空機始め機材の補修。

7、諸外国への情報の発信

①原発情報はじめ被災情報の諸外国への正確な情報の発信。
②在日外国人の安否確認の徹底及び生活支援、帰国支援等の手当の拡充。

8、海外からの支援に関する対応

①海外からの支援チームの活動支援について格段の措置を講ずる。
②諸外国からの支援状況を国民に分かりやすく広報する。

『復興への道標《みちしるべ》』

東日本巨大地震・津波災害及び原発事故対策に関する

第三次提言

自民党

平成二十三年五月二十七日

第二次補正予算の成立を急げ！

わが党は国難とも言うべきこの大災害に対処するため、党派の垣根を越えて懸命に努力を重ねているところである。第一次「緊急提言」に引き続いて第二次提言を明らかにし、「平成二十三年度第一次補正予算」の成立にも最大限の協力を果たしてきた。

わが党は、被災地を想いスピードを優先して第一次補正予算には賛成したものの、そもそも政府の補正予算は極めて不十分との考えであった。第一次補正予算には、鉄道や防波堤等の基本的なインフラ復旧予算や学校施設・公立病院等の再建予算もほとんど組み込まれておらず、住宅支援や中小企業の資金繰り支援等の生活・産業再生支援も不十分である。そこで、わが党は、さらなる被災地支援の必要性を議論し、「第三次提言」を取りまとめた。第二次補正なくして本格復旧も被災地再生もなく、われわれは政府に対し、早急な第二次補正予算の編成を重ねて強く求めるものである。

目次

改めて要請する特記事項

ガレキ処理の対策

①国の責任の明確化とその周知徹底

現在、ガレキ処理の実施主体は市町村であり、費用を国が負担する体制となっているが、ガレキ全般にわたって、国が主体となって処理の工程表を示す等、総合調整を図りながら進めていくべきである。

費用については、市町村が安定的に取り組めるように、交付税措置を加えるのではなく補助率を十割とすべきである。なお、補助対象に焼却施設も含める。わが党は、議員立法による法整備を進めている。

特に、海のガレキの早期撤去は、航路の再開、漁業の復旧の大前提であり、早急に取り組む必要があるが、実施主体、費用負担の双方に関する方針が今一つ不明確である。処理の困難性に鑑みても国が十割負担し、国の責任で進めるべきである。

②ガレキの仮置き場の確保

地元においてガレキの仮置き場の確保を急いでいるが、十分な用地の確保に難航しており、対応の遅れている県もある。阪神・淡路大震災では、公園、民有地、河川敷を廃棄物の仮置場として利用しており、特に水没農地を含め民有地の活用を進めるべきである。早期の確保に向けて、借料その他につき国の責任において措置を行うべきである。また、最終処分にあたっても国は明確な方針を示すべきである。

③放射性物質など有害物質を含むガレキの処理

廃棄物の処理及び清掃に関する法律では、対象となる廃棄物から放射性物質及びこれによって汚染された物が除かれており、他に放射性物質が付着した廃棄物についての処理を定めた法令が存在しない。現在、環境省が方針を作成するため関係省庁と協議中であるが、放射性物質で汚染されたガレキの取り扱いについて、早急にその処理方針を策定するとともに、これを定めた特別措置法を制定すべきである。また、アスベスト等の有害物質についても十分に留意すべきである。

④ガレキの発注単価の統一及び民間の自発的処理への公的補助

・補助の根拠法律にかかわらず諸経費を含め実勢価格を踏まえて、迅速かつ円滑な発注に努めること。その際、ガレキの性状等によって作業内容が過重となる実態を踏まえること。

・民間で自発的に行ったガレキ処理も全額公費負担とする。

⑤ヘドロ処理対策

ヘドロ処理についても、国が責任を持って実施すること。

仮設住宅の課題

①国による総合調整

資材・要員の確保に留まらず、建築完了に至るまで国が一元化して総合調整を図り進めていく体制を再構築し、完成に向けた行程表を示すべきである。

②民有地の活用

民用地の活用のため、国が借料・造成費用及び復元費用（田畑等）に関し十分な措置をとるべきである。

③仮設住宅における生活物資の調達

避難所から仮設住宅に移った場合でも、一定期間、生活物資の調達について国が負担できるよう、法改正を含めて対応措置を図るべきである。

④集落・コミュニティ単位での入居の推進

コミュニティ単位での入居を推進することが必要である。運用で可能だが、法律に集落単位での入居の配慮規定を盛りこむことも検討すべきである。

⑤仮設入居期間の延長

入居期間が二年であることが被災者の不安を生み、滞留につながっている。入居期間の制限を撤廃することは運用でも可能だが、法律で明記することが望ましい。

⑥仮設住宅から仮設住宅への移住

一度他の自治体に所在する応急仮設住宅に入っても、その後、元の居住地に建設された応急仮設住宅へ入居することを可能とするよう法改正も含めた措置を検討すべきである。

⑦丘陵地等の造成工事への対応

丘陵地等の難工事地帯への仮設住宅建設については、平坦地化するための造成費用等について全額国が負担する。

⑧多様な規格の仮設住宅の提供

世帯構成や生活様式など、地域特性に応じた住宅整備や、高齢者や障害者等にもやさしい住宅設備など多様な規格の住宅が提供できるよう対応する。

⑨仮設住宅建設事業における被災者の雇用

地域の雇用促進・生活支援の観点から、建設事業に地域の被災者を雇用する。

わが党が具体的に準備を進める議員立法

『二重債務問題救済法案』（仮称）

(1)被災者の再スタートを支援し、被災地域からの産業や人口の流出を防ぎ、復興の前提を確保するため、被災者（中小・小規模企業、個人事業者、農林水産業者等）の既存債務を公的な機構で買取り、資本扱いとし、経営助言等を行って、長期の再生を目指す。

(2)事業関連性のない個人住宅ローンについては、各人の希望に応じて簡素な債務整理（特定調停、民事再生等）を実施し、個人所有住宅の新規取得を希望する被災者には公的な低金利・据置長期の融資、公的住宅の一定期間後の払下げ、個人の所有地との交換を検討する。年齢等の理由により個人所有住宅の再取得を希望しない被災者については、福祉施設等への入居を公的に支援する。

(3)財源は、政府保証や、交付国債を活用して、即時の税金投入を最小限に抑えるとともに、業界のセーフティーネット資金〔預金、貯金保険等〕を活用し、持込金融機関の関与も担保する。原発由来の債務にかかる負担は、原発災害の補償制度への求償を行う。

「原子力損害賠償の国の仮払いに関する法律案」（仮称）

原子力損害賠償に関して避難者をはじめ、農林漁業者及び中小企業者に対して早期の支払いのため、国が仮払いをするための措置を行う。

「災害救助法の一部を改正する法律案」（仮称）

救助の種類として、ガレキ処理を定め、ガレキの処理費用について、今回のような大規模な災害の場合は、国が全額負担することを定める。

「原発事故調査委員会法案」（仮称）

東日本大震災による原子力事故を教訓とし、このような事故の再発を防ぐことが肝要である。このため、国会に原子力事故調査委員会を設置し、事故の経緯・原因等を徹底的に調査・究明する。

『東日本大震災に対処するための私立学校建物等災害復旧事業に係る特別の助成措置等に関する法律案』（仮称）

(1)私立学校（学校教育法1条の「学校」）の災害復旧に要する工事費及び事務費について、国が「3分の2を補助する」（国庫補助の公立学校と同率へのかさ上げ）。さらに、残りの3分の1の災害復旧事業について、地方公共団体が私学助成を行う場合は、国が当該地方公共団体の負担を軽減するため、交付金を交付する。

(2)専修学校等の災害復旧に要する工事費及び事務費について、国は「予算の範囲内において、その3分の2を補助することができる」(従来の制度にはない国庫補助の創設)。さらに、私立学校と同様に、地方公共団体が私学助成を行う場合は、国が当該地方公共団体の負担を軽減するため、交付金を交付する。

(3)日本私立学校振興・共済事業団は、東日本大震災により被害を受けた私立学校または専修学校等に、通常の条件よりも有利な条件で貸付金を支出し、貸付金に係る元金の償還又は利息の支払いを猶予するなど、私立学校教育に対する援助に努める。

「公立高等学校に係る授業料の不徴収及び高等学校等就学支援金の支給に関する法律を廃止する法律案」(仮称)

東日本大震災における教育復旧・復興(被災児童生徒等に対する給付型奨学金の創設など)の財源に充てるため、高校授業料無償化制度を廃止する。

「津波対策推進に関する法律案」

昨年六月にわが党が提出し、民主党が審議せず放置したままになっていた法律案。法案は(1)津波の観測体制の強化や調査研究の推進　(2)防災上必要な教育や訓練の実施　(3)必要な施設の整備など。また、「稲むらの火」の故事にちなみ毎年一一月五日を「津波の日」と定め、津波への備えの啓発活動を進めること等を内容としている。わが党は、その早急な成立を図る。

第三次の具体的な提案

自治体等への応援体制の充実

(1)被災地の強い要望を踏まえ、行政の相談窓口の一元化を図ること。

(2)「災害臨時交付金」の交付額は、被災自治体による復旧・復興に必要な経費の見積額を参考に算出すること。

(3)地方財政措置は地方交付税総額の増額を基本とし、後年度交付税措置する手法は極力控えること。

(4)国による被災自治体の行政機能の現状についての把握を徹底し、体制確立のための方策を早急に再確立すること。

(5)複数の自治体でチームを構成し、被災自治体の人的需要に的確に対応できる人的派遣スキームを国の主導によって構築すること。

(6)他県からの応援職員などの経費は、国が所要額全額を支援すること。その際の要員については、現職以外にも公務員のOBを活用すること。

(7)役場が区域外に移転している原発避難区域（計画的避難区域を含む）町村への支援方策を早急に確立すること。

(8)雇用対策も加味しつつ、自治体が被災地の住民を「災害対策臨時職員」として雇用する場合の財政措置を国が新たに講じること。

(9)市町村合併による合併特例債等の事業については、震災による影響に鑑みて、期間の延長が行えるようにすること。

被災者への支援

(1)夏に向けた暑さ・湿気対策を進めること。
・害虫や病原菌等の駆除など防疫対策を国の責任で進めること。
・扇風機などの器機、夏用の衣類や下着を避難所に提供すること。
(2)被災者生活再建支援制度を充実すること。
・支援法を改正し、国の負担を大幅に引き上げること。
・被災者の住んでいない作業場・町工場・店舗等についても支援制度が適用できるよう改正すること。
(3)依然として劣悪な食事提供状況を踏まえ、抜本的な改善策を進めること。
(4)「東日本大震災復興特別貸付」の特に国民生活事業においては、風評被害や間接被害等についても無利子・無担保での対応とすること。
(5)被災地の三師会等については、平成二五年一一月三〇日となっている新公益法人の移行の期限について、復興の状況を勘案し柔軟に対応すること。
(6)災害時における都道府県を超えた医療・介護・障害者等施設体制の構築。
(病院・診療所、介護・障害者等施設の受け入れ態勢等のネットワーク化)
(7)福祉入所施設等の代替施設に新規入所者の入所を認め、各制度の対象とし、あわせて、財政支援を含めた支援をすること。

(8)被災地では、すぐに民間が福祉施設を設置できないことに鑑み、公設民営の特養等福祉施設の整備をすること。

(9)地域医療提供体制の復興計画策定に当たっては、医療機関とともに医療提供施設である薬局についても必要不可欠な施設と位置付け、地域における適正な配置が実現可能となる計画を立案すべきである。

(10)新たな都市復興計画の立案、実施に当たっては、例えば「特区」等を設け、医療機関が病床数等の基準に従って開設されるように、当該地域の人口対比や在宅医療に係る「休日・夜間の医薬品の提供体制」の確保も視野に、薬局の開設主体に対して一定の制限を加えるなど、無秩序な薬局開設を抑制すること。一方で、地域に必要な薬局が適正に配置されるような施策並びに財政的措置を講じるべきである。

(11)県立病院等、全壊した病院には一次補正で復旧予算がついていないことを踏まえ、二次補正での早期の措置を図ること。

(12)被災した訪問看護ステーション、居宅介護事業所等の高齢者等のサポート拠点を仮設で優先的に設置すること。

(13)ドクターヘリへの財政支援の充実強化を図ること。

(14)第二次補正予算で本格化する学校施設の復旧に関し、私立学校などに対する補助の拡充（公立並み）を法的に担保すること。

(15)専門・各種学校、短期大学、大学の授業料等の減免措置を講じること。

(16)高校授業料無償化を廃止し、それにより得られた財源を基に、来年度より被災した児童・生徒に対する給付型奨学金を創設。なお、本年度における「就学援助金」の給付も引き続き求める。

⒄学校施設の防災拠点として自家発電装置の設置やプロパンガス設備、井戸の設置、汚水対策として浄化槽の設置などを行うこと。

⒅学校教員の定期異動人事の猶予を行うこと。

⒆被災したことにより、教育が遅れないような教員の派遣等特段の支援を行うこと。

⒇市町村発行の罹災証明書等を運輸支局等または軽自動車検査協会の事務所へ郵送することによる被災車両の検査証返納手続きを認めること。

(21)自治体からの要請がない救援活動について、市町村や市町村社協が対応できない場合、その内容が災害救助法の対象とする活動であり、被災者がその支援を必要とし、実際に必要に応じた支援を受けたことを全社協等に申し出た場合には、救援活動にかかった実費等を弁済し、これを災害救助の負担の対象とすること。

(22)聴覚障害者向けに、携帯電話の緊急地震速報の音声警報に、発光と文字情報による警報を追加するよう指導すること。

(23)相続放棄の期間は死亡を知ってから三ヶ月以内となっているが、相続債務の把握が困難であり、混乱を招くことが十分に予想される。このため、相続放棄の期間を特別に猶予する措置を講ずること。

税制関連

⑴被災した公立学校に対する指定寄附を認める寄附優遇税制（母校支援寄附）を創設すること。

⑵被災二輪車については、自動車重量税を還付し、被災車両の廃車代替として新車の購入時に、自動車重量税を免除すること。

(3)原発事故被害地域の地方税の扱いが未だ明らかにされていないため、被災者の不安解消のためにも早急に明らかにすること。

(4)農業経営再開に向けて、被災した事業用資産の損失の特例、圧縮記帳の活用、新たな準備金制度の創設等、税制上の特例を追加すること。また、法人税の繰り戻し還付期間を繰越損失の遡及期間並みに五~七年とすること。

(5)原発事故被害地域及び液状化・地すべり・地盤崩落・地盤沈下被害地域における土地、家屋、農地に係る固定資産税、都市計画税について減免すること。

産業等の復旧・復興支援

(1)二重債務問題への対応

被災者の再スタートを支援し、被災地域からの産業や人口の流出を防ぎ、復興の前提を確保するため、被災者(中小・小規模企業、個人事業者、農林水産業者等)の既存債務を公的な機構で買取り、資本扱いとし、経営助言等を行って、長期の再生を目指す。個人住宅ローンについても検討すること。

(2)中小企業の資金繰り支援は、第一次補正の五、一〇〇億円では上半期分すら足りない可能性もあるので、大型の二次補正予算を組み、下半期においては五、一〇〇億円を大幅に上回る予算措置を行うこと。

(3)政府においては、既に災害復興のために、利子補給を国が行い実質無利子となる融資制度やマル経制度の拡充などを行っているが、被害が甚大な地域の中小・小規模事業者が事業再開のために調達する資金について、国が審査の簡略化を金融機関に要請すること。また、保証料の負担を国が行うなど、更なる支援策を拡充すること。加えて、事業立ち上げ時の設備投資に必要な資金を助成するなど事業再開、転業等を支援する制度を創設すること。

(4)被災地に本社を置く中小・ベンチャー企業が所有している特許権等の知的財産権を担保として、かつ政府が管掌している被災地の信用保証協会がこれを保証して、復旧または新規の設備投資、新製品の研究開発費用等に特別融資する制度を創設すること。

(5)中小企業の支援を行う商工会等の仮設事務所の整備、巡回相談体制（車購入支援等）を進めることに加え、パソコン、携帯電話といった相談業務に必要な設備などを早急に整備すること。

(6)国が被災商工会の人件費・事務費等を負担する等中小企業団体中央会に対する特別運営費補助を創設すること。

(7)経営再建に向けた相談業務に必要な法律や労務といった専門的な知識が求められることから、これらの専門家を派遣する機能を国・県において強化すること。

(8)中小企業支援ネットワーク強化事業を活用した、巡回対応相談員の被災地への派遣については、他都道府県の人材だけでなく地元経営指導員ＯＢ等を活用するなど、柔軟な対応を行うこと。

(9)仮設店舗の設置は原則として公有地となっているが、市町村が私有地を借上げることも可能であり、もっと私有地を活用しやすくすること。

(10)中小企業基盤整備機構が実施している仮設店舗、仮設工場等の整備については、恒久的な活用も見据え、予算を拡充強化すること。

(11)商店街における街路灯やアーケードをはじめ業務・産業部門（工場、事務所、オフィス、店舗、病院、福祉施設、鉄道、ホテル、学校、道路、トンネル、街路防犯灯、駐車場等）のＬＥＤをはじめとした高効率照明器機の普及を進めるため、設備変更等に対する助成措置を創設すること。併せて、リース方式の導入を検討すること。

(12)被災した商店街団体が、必要な通信機器やＰＣなどの事務機器を再整備する際、支援措置を講ずること。

(13)地震・津波や放射能汚染・風評被害の影響で事業継続が困難となった農業や漁業を営む者、さらには、第一次産品の加工業者などを対象とした転業・新規開業支援のための事業を創設すること。

(14)被災地支援のためのチャリティーの実施や被災地の経済復興につながるようなイベント開催に対し、必要な助成措置を行うこと。

(15)被災区分所有建物等の再建等に関する特別措置法（被災マンション法）に基づく政令の公布・施行、周知徹底すること。

・政令で定める大規模災害により区分所有建物の全部が滅失した場合に、敷地共有者の共有持分の価格の割合による議決権の５分の４以上の多数による決議に基づき、建物を再建することができることとする。

・区分所有法上、区分所有建物の大規模な損壊が生じた場合、六カ月以内に復旧又は建替えの決議がされない場合、区分所有者相互間での占有部分の買取請求を認めているが、災害に際しては、復旧又は建替えの決議に時間を要することから、その期間を一年とする。

(16)民事調停中立手数料の特例措置（中立手数料免除）を早期に実施すること。

(17)罹災都市借地借家臨時処理法（罹災都市法）に基づく政令の公布・施行、周知徹底を図ること。

(18)工業団地等への集落集団移転の実現に必要な予算上、法令上必要な措置を講じる。

(19)被災地における中古自動車不足に対応するため、首都圏で排ガス規制により使用できず中古市場に出ている事業用車両の活用を検討すること。

産業のインフラ整備等への支援

(1)復興の前提として、ガレキ除去後、インフラ・民間施設等の整備を行う上で、土地権利の確定について従来型の手法では限界がある。このため、民法等の特例措置等も含め法整備を早急に進めること。

(2)液状化対策

・罹災証明の認定基準に、「液状化被害」を明確に定めること。

・被災者生活再建支援法の適用において、全壊か否かの機械的な判断のみならず、大規模半壊または半壊二世帯を一世帯と扱うなど、弾力的な適用を行うこと。また、支援金の支給対象を拡大、金額を拡充すること。

・液状化による被害についての、支援金制度を新設、適用すること。

・液状化の原因究明や早期復旧のために県に専門家を派遣し、県職員を指導助言すること。

・敷地境界再設定の指針の早期決定を支援すること。

・二重生活をおくる液状化被災者が滞在するURの家賃につき、半年間の減免を延期すること。

・先般決定された被災土地・家屋にかかる課税の減免措置を、液状化についても適用すること。

(3)地すべり、地盤崩落対策

・国は、今回の大震災による津波被害者の住宅再建に対しては負担軽減を検討しているが、地すべり・地盤崩落被害を受けた住宅団地は、住民の高齢化も進んでいることから、宅地被害にあった方々に対しても、同様の負担軽減が行われるよう、宅地の復旧・再整備に要する制度の拡充や新たな制度の創設を図るとともに、費用全額を国の負担とすること。
・現行制度に関しては、災害関連地域防災がけ崩れ対策事業、災害関連緊急急傾斜地崩壊対策事業など宅地災害復旧に関連する補助事業について、全額国費とするとともに、自然がけに加えて、高さ二m以上の人工法面やコンクリート擁壁等を補助対象とするなど、採択要件を拡大する特例措置を実施すること。併せて、事業費枠を廃止すること。
・大規模盛土造成地滑動崩落防止事業について、全額国費とするとともに対象面積や戸数などの採択要件を大幅に緩和する特例措置を実施するとともに、小規模在宅地区改良事業や住宅地区改良事業についても、補助率を嵩上げし、採択要件を緩和する特例措置を実施すること。
・現在の被災者生活再建支援制度や災害援護資金制度においては、個人の所有する資産のうち、住宅の被害を基準として支援する内容となっているが、宅地被害についても住宅同様に資金的な支援策を講じること。
(4)地盤沈下対策
・地盤沈下により平均海面より低位になった地域が増大したことに対応し、早期の暫定堤防を整備し、さらに防護レベルを設定した上で本復旧を図る。
・一次補正予算では地盤沈下対応、海岸堤防予算がなく、このままでは危険であり、暫定堤防については早急に二次補正予算で対応すること。
(5)資金調達
・必要に応じ、公的な長期金利の産業インフラ及び復興・復旧のための特別融資枠を別計で設けること。
・インフラ復旧・整備に向けたＰＦＩ等による民間資金の活用も選択肢に入れて合理的に進め

ること。

(6)防潮堤については被災地の特段の要望を踏まえ、二次補正での予算措置を含め早期建設を図ること。

(7)三桁国道の保全・整備等については県の負担が過剰になるため、県に代わり国が予算措置を含め事業を代行できるようにすること。

(8)被災地の建設土木業の主任技術者及び監理技術者の専任配置を緩和すること。

(9)被災地域の復旧・復興事業に関し、指名競争入札等の活用により契約にかかる時間を大幅に短縮した迅速な発注を行うこと。また、これまで地域の防災に貢献してきた企業との随意契約による事業のスピードアップも図ること。

(10)建設機械およびその保守サービスカーの燃料調達の円滑化、大型建設機械の輸送規制緩和、手続きの簡素化を図ること。

(11)今回の震災で都市ガス製造設備を中心に甚大な被害を受けたものの、中小都市ガス事業者の範疇から外れてしまった被災都市ガス事業者（仙台市等）への復旧支援を行うこと。

(12)企業の自家発電施設設置に係る補助制度や緑地規制等の規制改革を検討すること。

(13)被災建設業の復旧のため、工事中に滅失した建設機械等の損害に対し必要な支援措置を講じること。

農業・農村支援

(1)復興再生計画の策定に当たっては押し付けや理想論ではなく、地元自治体や復興の核となる農林水産関係者等の意向・現状に十分配慮して進めること。

(2)津波により壊滅的被害を受けた農地について、早期の経営再開に向け、地域のニーズを踏まえた土地利用計画を早急に策定するとともに、国等による農地の買い上げ（一時国有化）や定期借地権設定などの手法について検討を進め、対策の方向を明らかにすること。その際、地盤沈下等により経営再開が困難な農地の活用について、防災上の観点も含め検討すること。
(3)農地の利用集積を進めること。
(4)居住地を移して農業経営の再開を希望する農家に対し、農業経営継承事業の活用など農地、住居等の提供支援を行うこと。
(5)農業経営再開に向けて、被災した事業用資産の損失の特例、圧縮記帳の活用、新たな準備金制度の創設等、税制上の特例を追加すること。また、法人税の繰り戻し還付期間を繰越損失の遡及期間並みに五～七年とすること。（再掲）

（原発事故関連）
(6)お茶・たばこ等の加工食品についての安全基準を明確にすること。
(7)農畜林水産物の廃棄について、対処方針を明確にし周知徹底すること。

（第二次補正予算に盛り込むべき事項）
(1)第一次補正予算で措置された「被災農家経営再開支援事業」（五二億円）は短期の対応としては評価するものの、今後、現場の評価や事業の進捗状況等を踏まえ、営農意欲・技術の維持、営農や生活のための所得の確保等の観点から検討を加え、補助率の嵩上げなど中長期的に安定した仕組みの構築と予算の確保に努めること。
(2)農業関連施設の復旧事業について、共同利用施設に加え農業者やＪＡ等も対象とすること。また、復旧事業対象は原形復旧が原則とされているが、食料基地の「復興再生」という理念を踏まえ、施設の高度化や統廃合、移設新築等についても支援対象に加えること。その際、激甚法の適用において簿価を基準にした補助率ではなく、再取得の価格を基準とした補助率にすること。

(3)ＪＡ等の保管農産物等が被害を受けた場合の損失・廃棄について、被災農業者の救済の観点から総合的な支援策を講じること。

(4)除塩事業をはじめ農地・農業用施設の復旧や調査については第一次補正予算で一定の措置がなされたところであるが、来年以降の営農再開のためには今年度中にも本格的な復旧に着手する必要がある。農地海岸保全施設、農村生活環境施設等の復旧はまだ緒に就いておらず、二次補正でも十分な復旧復興予算を確保すること。その際、被災自治体や農家の実質的負担が伴なわないよう万全の措置を講じること。

(5)種子籾の確保ができないことが米の県間調整未達の一因であることを踏まえ、今後、政府備蓄米の一部について種子籾備蓄方式を採用すること。

(6)飼料備蓄について、仕分けにより二〇万トンに削減された備蓄水準を、本来の六〇万トンに復元すること。

(7)原発事故の初動対応の遅れにより放置された家畜の殺処分や埋却処分を補償の対象に加えること。また、牧草地の放射線量が基準を上回る地域等において、酪農家等の移転の際の万全な支援策を講じること。

(8)酪農と繁殖農家は再生まで早くても三年必要であり、個々の農家に任せていては再生できない。国が酪農組合等を強力に支援し、農家を雇用し、一定の段階で農家に払い下げするなどの仕組

み を立ち上げること。

(9)畜産酪農をはじめとする長期にわたる農業の経営再生のため、基金の設置について検討すること。

林業・山村支援

（第二次補正予算に盛り込むべき事項）

(1)林地、林道・作業道等、林業生産基盤の復旧に必要な予算を確保すること。

(2)被災した林業関係施設、機械（森林組合、共販・加工施設、林業機械・車両等）の復旧のための支援策を講じること。

(3)復旧・復興に活用する国産材の安定供給と需要状況の把握のため、全体的な復旧・復興スケジュールを示した上で支援策を講じること。

(4)被災した合板企業の製造ラインの復旧が、仮設住宅等の資材供給や被災地域の復興のポイントとなっていることを踏まえ、合板製造用機械の再整備支援について、早急に補助率の大幅な嵩上げを行うこと。

(5)被災企業の現在雇用している従業員が、ガレキ処理等に従事する場合の給与への助成を農林業にも適用すること。

(6)ガレキに含まれる大量の木質系災害廃棄物（推定五〇〇万トン以上）をバイオマス発電に活用するため、一次補正で措置されたチップ化機械に加え、発電施設（移動式コンテナタイプを含む）について予算化すること。併せて、木材ガレキの木質ボードへの活用を図る。

水産業・漁村支援

（水産業の再生）

(1)地元との十分な協議のうえ、地域水産業の再編のマスタープランを七月までに作成すること。
(2)本格復旧・復興の着手に必要な被害状況調査を速やかに実施すること。
(3)沿岸域を含めた資源・漁場環境調査を早急に実施すること。
(4)漁港・漁場に係る漁船等海底障害物の撤去・処理、いわゆる「海のガレキ処理」については遅々として進んでいない。国と県で具体的な「工程表」を策定し、その工程表に基づき早急に処理すること。その際、国がその経費の十割を負担し、国が責任を持って進めること。【海のガレキの総量は全く把握できていない】
(5)もうかる漁業事業（サンマ漁船、大中まき網、養殖業など）を拡充するなど被災漁船の代船建造・養殖施設の復旧への支援を行うこと。
(6)漁協自営・共同利用体による漁船・漁具（定置網含む）・「ノリの乾燥施設」等陸上施設を含めた養殖施設等への支援（国の責任での復旧や無償リースなど）を行うこと。
(7)二万隻超の漁船の喪失に伴う新漁船建造及び漁船の補修にあたっては、被災地域の状況を勘案し、優先順位をもって漁船の建造・補修ができるよう、造船所と修理施設の早急な実情に合った整備を進めること。
(8)「さけ・ます増殖」や「カキ養殖」等における陸上施設の早急な本格的整備ならびに「稚魚・稚貝の手当て」への支援を行うこと。収穫まで二年から三年かかる養殖漁業者への経営支援を拡充すること。

(9)被災地における漁船保険事業・漁業共済事業の健全な運営を維持するための事務運営経費を支援すること。
(10)漁業共済・漁船保険の早期支払いを行うこと。
(11)被災地における養殖漁業者等に対する漁業共済加入要件の特例措置を講じること。
(12)漁業者の住宅などに対する共済制度を充実するための国の支援(国の地震保険の活用)を行うこと。
(13)壊滅的被害を受けた地域における地域・水産業の中核的担い手としての漁協について、復興に係る期間中、人件費等の運営費用を支援すること。
(14)漁業集落の地盤嵩上げと被災した漁業者の住宅復興等漁村再建に対する支援を行うこと。
(15)被災により使用可能漁港が限定される中、被災地域における水産物の流通・加工機能の低下により、漁業再開に伴う漁獲の水揚量に対応できない過剰漁獲物については、余剰処理能力のある他地域への陸上輸送を含めた広域流通対策に対する支援を行うこと。
(16)漁船漁業経営の圧迫要因である「行き過ぎた燃油高騰」対策を拡充すること。
【A重油　七二、四〇〇円/kl(平成二二年一二月)→　九一、四〇〇円/kl(平成二三年五月)】
(17)「がんばろう水産業復興基金」の創設
水産業復興のために、東日本巨大地震・津波により喪失・流出した種苗の生産、共同利用車両の迅速な購入・運営、水産業活性化や地域特産水産物のPR活動、収穫までに時間のかかる養殖漁業者等への支援など、地域の特性に応じた柔軟な対応を図るための基金(全額国費による取崩し型の基金)を創設すること。

（原発被害への対応）

(1)放射能汚染水の四月の海への放出は、漁業関係者を無視し無責任に行われ、度重なる放射能汚染水の漏出も加わり、わが国漁業に多大な影響を及ぼしている。

このような事態がないように更に徹底を図るとともに、調査箇所を拡充したうえで放出による影響を幅広くモニタリングし、その情報を速やかに開示すべきである。また、福島原子力発電所全ての施設について、徹底して放射能漏れ等の総点検を行い、安全を確認すべきである。

4／6〜4／10　低レベル汚染水放出量　一一、五〇〇トン

3／11〜　高レベル汚染水漏出量　五二〇トン＋α

(2)漁業関係者が就労する場合の安全性について万全の対応を図るべきである。

(3)紛争審査会の一次指針に盛り込まれなかった風評被害等の賠償範囲を早期に決定すべきである。

(4)原発事故の風評被害による海外への輸出停滞に伴う流通悪化に対応した調整保管事業の拡充、一次・二次加工への支援、多角的販路確保に必要な加工支援を行うこと。

(5)早急に国内検査体制を充実させるとともに、輸出停滞の打開に向けた輸出国に対する販売促進活動を支援すること。

その他の事項

(1)被災地域においてアナログ放送を延期する被災三県の住民への周知徹底。同時に、アナログ放送を継続する放送局に対し、二次補正における予算措置も含めた支援策を検討すること。

(2)防災行政無線の復旧を急ぎ、復旧までの具体的な工程表を自治体ごとに作成すること。

(3)早期に被災地域の情報通信基盤の復旧を行うとともに、災害時に備え、無線・衛星を活用した地域の情報通信網や非常用電源の配備等、災害に強い、通信システムを構築すること。
(4)放送施設の復旧に必要な予算措置を講じること。
(5)被災者向け臨時FM局が開設されたことを被災者に周知するとともに、臨時FM局に対する助成を行うこと。
(6)全国の自衛隊基地・駐屯地の耐震化工事の促進及び自家発電装置を設置すること。
(7)全国の駐屯地を災害時における物資の緊急備蓄基地とするための整備を行うこと。
(8)海上、沼地等の捜索及び救難のためのホバークラフト等を配置すること。
(9)救援活動等に資するためのヘリコプターの装備を充実すること。
(10)自衛隊の撤退について行政機能が復帰した後の、自衛隊撤退のシナリオ(瓦礫処理等)について進捗状況を勘案しながら検討すること。
(11)病院船(ヘリ、ホバークラフト積載)の造船について検討を行うための措置を講ずること。

おわりに

過去の災害体験における教訓を今後の災害に活かしていかなければならないとの思いで本書を書き始めたのが昨年の夏だ。一方で、大きな岐路を迎えている農政についても急いで方向性を指し示す必要性に駆られて書に著すことになった。昨年末に発刊した『農業・農村所得倍増戦略――TPPを越えて』が、それだ。

そのため、本書の執筆作業が遅れ、毎晩、時間を見つけての作業を重ね、ようやく今日の発刊となった。この間、資料の提供など御協力いただいた地元市町長、議会、自民党本部、国土交通省をはじめ、関係者の皆様に心から感謝申し上げたい。

執筆作業も最終局面にさしかかったところに、広島の土砂災害、御嶽山の噴火災害と、立て続けに大きな災害が発生した。正に何時、何処で発生するかわからない災害に備える必要性をつくづく感じる。

広島の災害現場を視察した折、偶然にも私の実家の近所の方々に出会った。ボランティアで支援に来たという。大災害が起きると全国の皆様が心配し、支援の気持ちを寄せていただく。阪神・淡路大震災の際に「ボランティア元年」と言われたように、多くの皆様が被災地に駆けつけた。その精神がさらに育まれ、今に息づいていることを大変心強く思う。困った時には皆で助け合う精神が、災害時におけるこの国の最大の強みであろう。

阪神・淡路大震災、東日本大震災、豪雨災害、赤潮災害と、相次いで臨んだ災害対策において、教訓が連続してつながっているように思う。

例えば、阪神・淡路大震災では、がれき処理が復旧、復興への前提として大きな課題となり、特例措置が講じられた。その教訓をもとに東日本大震災では、何度もがれき処理のあり方を提案し、最後は議員立法による特別措置法を企図し、成立せしめ、処理の推進を図った。

あるいは、いずれの災害でも共通するのは現場主義だ。発災と共に現場に駆けつけ、常に現場と向き合い、ニーズを汲み取りながら、対策を現場に届けなければならない。

また、大災害ほどあるべき対策を迅速に判断し、進めなければならない。機を逸すれば、傷口は広がり、採るべき選択肢は狭まり、後に何倍もの労力と時間を要することになる。

特に大災害ほど現行の制度では追いつかず、特例措置が必要となる。従来の枠を越えた、大胆かつ迅速な対応が重要だ。

今、私は環境副大臣　兼　内閣府副大臣として職務にあたっている。環境副大臣としては、主として放射性物質による汚染への対処に関する業務だ。東日本大震災からの復興の前提となる、残された最大の課題だ。

中間貯蔵施設にしても放射性物質汚染廃棄物の処理施設にしても、被災地全体の復興にとっては欠かせぬ重要な施設だが、建設予定地周辺の方々にとっては必ずしも歓迎すべきものではない。ふるさとに対する強い思いもあるだろう。先ずは、地域の人々の思いに向き合い、不安に応えていかなければならない。

さらに、内閣府副大臣としては、原子力防災を担当する。全国の原子力発電所について、万一の事故に備えた地域の防災体制を整備しておくことは重要な課題だ。このため、内閣府原子力災害対策室を格上げして、政策統括官以下五〇人の専従体制を新たに構築して進めていくことにした。

特に、地域防災計画や避難計画を自治体と連携して策定し、訓練を実施していくことは、原発が稼働しているか否かにかかわらず、住民の皆様の安全・安心を高めるために重要な課題だ。防災体制の構築に終わりはない。地域の声に沿いながら、継続的に改善・充実を図り、熟度を上げ、防災体制の充実・強化に向けて着実に進めていかなければならない。

放射性物質による汚染への対処も原子力防災も国家的重要課題であり、難しい課題であるだけに、大きな緊張感を持って担当していく。これまでに経験してきた数々の災害体験における教訓を活かしながら、住民の皆様の厳しい声を受け止め、疑問や懸念に真摯に対応していくことが大切と考える。日本の再生、その前提としての東日本大震災からの復興に体を張って取り組む覚悟だ。

災害に対する備えは不断の努力が必要だ。美しい日本、安全で心豊かな社会を未来へと引き継いでいくために、本書が僅かでも参考になれば幸いだ。

小里泰弘

災害と闘う

発　行　平成26年11月19日　第1版第1刷発行
著　者　小里泰弘
制　作　全国泰山会
写真・資料提供：国土交通省
発行所　創英社／三省堂書店
〒101-0051　東京都千代田区神田神保町1-1
TEL 03-3291-2295　FAX 03-3292-7687
印　刷　信濃印刷株式会社

乱丁、落丁本はお取り替え致します。
定価はカバーに表示してあります。
ISBN978-4-88142-884-9 C0051